名师名校名校长

凝聚名师共识
回应名师关怀
打造名师品牌
培育名师群体

程明远题

名师名校名校长书系

一路向暖

王小玲名班主任工作室实践探研案例集

王小玲 叶小美 徐亦昕 ◎ 编著

东北师范大学出版社

长春

图书在版编目（CIP）数据

一路向暖：王小玲名班主任工作室实践探研案例集 /
王小玲，叶小美，徐亦昕编著. — 长春：东北师范大学
出版社，2019.2
ISBN 978-7-5681-5509-0

Ⅰ.①一… Ⅱ.①王… ②叶… ③徐… Ⅲ.①小学—
班主任工作—案例 Ⅳ.①G625.1

中国版本图书馆CIP数据核字（2019）第034826号

□策划创意：刘　鹏
□责任编辑：李爱华　张　露　□封面设计：姜　龙
□责任校对：刘彦妮　张小娅　□责任印制：张允豪

东北师范大学出版社出版发行
长春净月经济开发区金宝街 118 号（邮政编码：130117）
电话：0431-84568033
网址：http：// www.nenup.com
北京言之凿文化发展有限公司设计部制版
廊坊市金朗印刷有限公司印装
廊坊市广阳区廊万路 18 号（邮编：065000）
2022年6月第1版　2022年6月第1次印刷
幅面尺寸：170mm×240mm　印张：14.75　字数：235千

定价：45.00元

序
言

今年春天，我校邀请深圳市名班主任工作室主持人、灵芝小学王小玲老师给卓越教师班做题为《一路向暖，且歌且行》的班级管理学术报告。我是在听这场报告时认识她的。记得王老师的报告以"你不累，我不累，大家不累"为班级管理原则，通过大量实际教学案例分享了自己管理班级的技巧和方法、艺术和智慧，认为要达到"做不累的班主任"核心在于懂孩子比爱孩子更重要。教师要走进孩子的心灵，找到适合孩子的教育方式，"关爱在左，责任在右"，使刻板的教育具有趣味和魅力，让孩子感觉到班主任的温暖、班级的温暖、学习的温暖。原本只是礼貌性地前去听听，没想到却被王老师一颗滚烫的爱心、至高的专业追求和真实的班级育人案例，以及精练生动的语言打动。这是一名杰出的新时代小学班主任，实至名归！

自认识至今，虽两校之间不远，且中间我又到过灵芝小学进行教师专业发展项目调研，但皆因为王老师有事没有再见面，只是不时通过微信和电话听王老师告诉我名班主任工作室的计划和活动情况。现在摆在我面前的沉甸甸的《一路向暖——王小玲名班主任工作室实践探研案例集》就是王老师和工作室其他老师两年来共同探讨和实践的结晶，是他们教育生命的交响乐。

当人类进入"互联网+"的时代，社会发展与教育手段日益现代化，影响孩子成长的因素越来越多，所以班主任工作的不可控因素也越来越多。"现在的孩子越来越浮躁了""现在的班主任越来越难当了""现在的家长越来越挑剔了"，这绝非个别教师的无病呻吟，而是在面对社会飞速发展与急剧多元化现象时表达的无力感，是新时代教育的主要矛盾在班主任工作中的表现。传统班主任的权威式管理已不能被孩子接受。如何在新时代开展新教育，是新班主任要解决的新问题。幸运的是，有这么一批年轻人在幸福优雅的王小玲老师的带领下，坚守教育初心，砥砺前行，一路向暖，用信念和实践为小学班主任走出了一条成功大道。

本书立足于小学班级管理和班主任成长两个主题，分为班级成长日记篇、班级管理篇、教育故事篇、读书笔记篇、习惯养成篇、家校共育篇等六个部分展开论述。既有对新时代班主任工作规律和趋势的探索，又有大量班主任工作方法和个案的介绍；既有理性思考，又有实践操作指导。使理论密切联系实际，是深圳市王小玲名班主任工作室的教师们集思广益、辛勤笔耕的结晶，也是班主任师徒发展新模式的真实记录，还是名班主任工作室主持人自身学术和思想的集中体现。本书具有以下几个特点：

（1）具有操作性。本书结合自身的教育思想以及相关案例将王小玲名班主任工作室的育人情怀、活动过程及教育成果展示出来，在引起读者教育共鸣的同时具有极强的操作性。

（2）具有针对性。全书围绕小学班级管理和班主任成长两个主题展开，对于当前中小学班主任所遇到的各种问题均有涉及，对师范生和一线中小学教师、班主任、校长以及其他教育工作者探讨班主任工作具有指导价值。

（3）具有合作性。本成果是王小玲名班主任工作室教师们近两年共同探讨和实践的结果，是一个班主任共同体发展的真实写照和缩影。两年来，工作室两周一次集体研讨，围绕近期困扰的教育难题集思广益，多方借鉴，力求全面彻底解决问题。

（4）具有时代性。文中反映了在深圳市基础教育课程改革的背景下，学校关注年轻班主任的发展，与时俱进，重视发挥他们的优秀经验和时代精神对全体班主任的榜样引领作用。读者可以真切地感受到他们在教育改革和班主任创新中的思考、追求和成长。

在本书中，我们能看到年轻班主任在他们的导师——王小玲老师的指导下，在灵芝这块教育改革的乐土上辛勤耕耘的足迹，敬业、爱生、勤奋、上进、担当……既给孩子们留下了深刻的印象，也给其他教师树立了优秀的榜样。他们力图用感性的文字表达理性的思考，用诗意的语言创造丰富的教育世界，用实际的行动践行先进的教育理想与信念。教学相长，我们确信在探求的漫长征途中，教师们留下的每一个脚印必将为孩子的快乐成长修筑出一座通向春暖花开的金桥。

习近平总书记在《做党和人民满意的好老师》讲话中指出："教师重要，

就在于教师的工作是塑造灵魂、塑造生命、塑造人的工作。一个人遇到好老师是人生的幸运，一个学校拥有好老师是学校的光荣，一个民族源源不断涌现出一批又一批好老师则是民族的希望。 国家繁荣、民族振兴、教育发展，需要我们大力培养造就一支师德高尚、业务精湛、结构合理、充满活力的高素质专业化教师队伍，需要涌现一大批好老师。"在他看来，今天的孩子就是未来实现中华民族伟大复兴中国梦的主力军，广大教师就是打造这支中华民族"梦之队"的筑梦人。其中，中小学班主任教师是这支"筑梦人"的先锋队。相信只要每所学校都有更多像王小玲这样优雅快乐的名班主任，就一定能培养出更多中华民族"梦之队"的优秀主力军。

由于时间和经验的关系，本书在编写体例、对班主任工作内在规律的认识等方面仍需要进一步探索完善，希望作者在日后的班主任实践中一路向暖，止于至善！

杜德栎

2018年10月8日于嘉应学院

（本文作者系中国教育学会课程学术委员会常务理事、中国小学教育专业委员会常务理事、广东省高等学校教师专业委员会常务理事，现任嘉应学院教师专业发展中心主任，教育学三级教授。）

目录

◎ 班级成长日记篇

◎ 班级管理篇

——王小玲名班主任工作室实践探研案例集

一路向暖

◎ **教育故事篇**

◎ 读书笔记篇

◎ 习惯养成篇

◎ 家校共育篇

班级成长日记篇 ◎

文字是记录人生的跑道，记录自己的脚印。我的文字不是最好的，但我也写写我自己，不在于文才如何，在于自己好好地用心积累。那些文字，是你人生永远纪念的丰碑。

——窦桂梅

四（2）班的"秘书团"

□ 蔡 梅

有一天，班干部跟我反映有四个孩子课间很吵闹，课前准备也表现得很差，一点也不听他们的管理。面对这四个经常到我这里"报到"的孩子，我放弃了以往苦口婆心的教育方式，换了一种"惩罚"的办法。我说："既然你们连班干部的话都不想听，那就请你们自己来当一当班干部，亲身体会一下当班干部是什么感觉吧！"

于是，我给四个孩子进行了分工，每人一天，跟着当天的值日班长进行班级的常规管理工作。第一天安排了小韩同学，一个又高又壮的男孩。因为是第一天，所以我特意进行了观察。也许是第一次去管别人，教同学怎样做好，小韩同学刚开始有点胆怯，有点不知所措，尽管他平时是个天不怕地不怕的"调皮鬼"。于是我中午跟他说："你现在就是值日班长，我们都相信你可以做得很好，你可以大胆地告诉同学们应该怎样做好上课前的准备工作。"

到了下午，小韩同学渐渐进入状态，管起纪律来也像模像样。在将要放学时，我做了一个全班小调查，看看小韩同学这个班长助理做得怎样，没想到竟然得到了大家的一致好评。还有个别同学提出了建议，例如小韩提醒同学时声音过小、同学咨询问题时交谈过久等。看到这个"调皮鬼"被大多数同学认可，我悬着的心也暂时放下了。师生们的高度认可对小韩的心理产生了一定的影响，连着几天小韩各方面都表现得非常好。

第二天的班长助理是小远同学，因为有了前一天的小韩同学做榜样，在值日班长的带领下，小远的工作也做得有模有样，工作时的态度非常认真。接下来的小敏和小铁也是不甘落后，相继表现得非常好。鉴于小远同学得到了班上同学的最高认可度，所以特别奖励小远同学多做一天的班长助理工作。我想，小远同学心里也是乐开了花吧！

　　四年级的孩子，其骄躁的内心一日胜似一日，仅凭一两个同学管理班级纪律着实有些困难。在这样的情况下，如果让每个孩子都参与班级管理工作会产生怎样的效果呢？抱着试一试的态度，我在一次班会快结束时与全班同学协商，重新制订了班干部管理制度：一周五天，共五名值日班长，每人负责一天的班级管理工作，同时每位班长都会配有两名"秘书"（孩子们非常喜欢用"秘书"这个称呼，好吧，就满足他们这个小小的愿望）。全班同学轮流做"秘书"，可以同桌搭档，也可以由班长根据同学们自身的性格特点进行搭配。自此，"秘书"工作在班级内如火如荼地正式开展起来。

　　"秘书团"上任一月有余，目前来看成效不错，每天当值的孩子工作结束后都会主动提醒第二天待上岗的同学。

　　每个周五的主题班会我都会抽出几分钟时间，专门为"秘书团"服务，调查每天的"秘书"们是否合格、是否认真。如"秘书"得到全班同学的认可，会得到相应奖励。为了这一刻，孩子们积极主动地跟着值日班长做好"秘书"工作。结果基本上每天的"秘书"都会被认可且被奖励。看到这样的局面，孩子们都很开心，都对进入"秘书团"跃跃欲试。我看在眼里，乐在心里！

　　教育要善于挖掘孩子的潜能，培养他们包括学习能力在内的多方面能力。在整个工作中，内敛的孩子与外向的孩子搭配，互相配合，你负责提醒同学我负责记名字，相互分工，相互合作。工作间既培养了默契，又升华了友谊。我想，就让"秘书团"继续发光发热吧！

　　随着孩子们年龄的增长、自主意识的提高，在班级管理方面要尽可能多地要求每个孩子，也要尽可能多地尊重每个孩子，让每个孩子对自己都有信心。我越来越觉得要放手允许他们去找属于自己的方法，要尽可能给他们提供一个平台，让他们尽情地发挥。而我在这个过程中，也和孩子们一步步收获成长的喜悦！

让孩子"在水中学会游泳"

□ 黄宇静

—— 王小玲名班主任工作室实践探研案例集

有这样一个故事：有一次，苏东坡和佛印禅师来到一座寺庙内，看见观音菩萨的身上戴着念珠。苏东坡不禁起了疑惑，问佛印禅师："观音菩萨自己已经是佛了，为什么还要戴念珠？她是在念谁呢？"佛印说："她是在念观世音菩萨的名字。"苏东坡又问："她自己不就是观世音菩萨吗？"佛印禅师说："求人不如求己呀！"

的确，求人不如求己，我们对孩子的管理也是如此。对于每一个孩子来说，他们都希望自己受到信任，渴望自己的长处得到展示，得到老师和同学的认可。在班级管理中给孩子创造机会和条件，让他们成为管理班级的主人，让孩子"在水中学会游泳"。

要让孩子"在水中学会游泳"，目前可以做到以下几点：

（1）组建责任心强的常务班委，经常和他们聊天，成为他们的坚强后盾，使他们认识到自己在班级管理中的重要地位，激发管理者的责任感，带动整个班级的学习氛围。

（2）这学期由班长小毅替代班主任开展日常的一些常规工作，如检查红领巾和校服、维持上课纪律以及处理简单的班级事件等。班级的事情慢慢地交由班长解决，我只告诉班长当出现犯错误的孩子或违反纪律的事情应该如何正确处理。

上周班长在全班同学面前提出了两点建议："我这周发现了两个危险的行为。第一是我发现有同学下课的时候喜欢玩'骑马'的游戏，一个同学骑在另一个同学身上，这样很危险，建议大家以后不要玩这样的危险游戏……"我顺势对孩子们进行了安全教育，以及见到同学有危险不能袖手旁观，要及时制止的思想教育。另外，我也给班长提了一点建议，希望他以后汇报时能先说同学做得好的地方，再说需要改进的地方。

接下来，我还要继续培养纪律委员、劳动委员、学习委员等。等孩子们长大一些，我还打算把班会课的10分钟交给班干部，听他们做一周汇报，最后我做总结发言。

著名教育家斯宾塞说过这样一句话："记住，你的管教目的应该是培养一个能够自治的人，而不是一个要让人来管理的人。"总之，将孩子推上舞台，使其由听众变成演员，由配角变为主角，才能提高班级管理实效，促进孩子健康发展。

我们的成长故事

□ 蒋佩君

2016年9月，我成为一名人民教师，站上三尺讲台，带着成为优秀教师的梦想踏上征途。可怎么也不会想到刚出校门的我就成了一名班主任，带着忐忑，带着激动，带着一股冲劲，我进入了三（5）班，和我的孩子们开始了新的旅程。

我们开学了

开学前一天，我和家长们见了第一面，一起动手将教室打扫干净，给孩子们分发新课本，将班级文化走廊布置好，一切准备就绪，等待着小主人的到来。报到日，我早早地在教室里等候着孩子们；接着一张张稚嫩的脸庞映入我的眼帘。孩子们对我很是好奇。"老师老师，你叫什么名字？""老师，你是我们的新班主任吗？"在愉快的氛围里我们互相有了了解，在慢慢的磨合中我们成为好朋友。

我们军训了

在知道要军训的消息后，孩子们天天缠着我："老师，我们什么时候去军训？""老师，我们可以带零食吗？"原来孩子们把军训当成秋游了，心里激动不已。可是我却忧愁着，担心他们会想家，担心他们哭鼻子，担心这个，担心那个。但是在基地，所有的担心都不是问题了，没有一个孩子哭着找妈妈，甚至还有个孩子说："老师，你快走吧，拜拜。"在两天的时间里，我看到孩子们的坚毅、勇敢。在感恩教育课上他们抱着我对我说对不起，着实触动了我。

我们的小男孩

我们班有46个孩子，女孩19人，男孩27人。男多女少的情况下，也会发生不少令人头疼的事情。F同学，小小的个子却藏着大大的能量，相比同龄孩子会比较调皮捣蛋，刚开学的时候常常使我手忙脚乱。但是时间久了，我发现了小F乐于助人的闪光点，于是我跟小F定下了约定：只要我每天表扬他的次数多于批评他的次数，那么小F就能赢得比赛，拿到我的贴纸（20个贴纸能换小礼物）。在比赛中，我发现小F的积极性非常高，上课认真听讲了，作业也认真完成了，进步非常大！我相信，每一个孩子生来都具有真善美的品质，都是上天派来的小天使，而我们需要做的就是发现他们的闪光点，坚信天使总会带来温暖。

我的班主任成长之路才刚刚开始，希望自己能更加脚踏实地，也相信孩子们能带来更多的快乐和惊喜，而我们的故事也会越来越多。

未完待续……

我们是勤劳的小蜜蜂

□ 蒋佩君

"**老**师老师，L同学偷懒不搞卫生。"

"老师老师，Z同学不听我的话。"

孩子们一个接一个地来告状，这是每天放学后我都能听到的声音。每当这个时候，只能由我出马在教室盯着他们才能完成卫生值日，但这并不是长久之计，我无数次思考该怎么解决孩子不爱值日的问题。

从一年级到二年级，班上的卫生值日都会由家长来监督帮忙，孩子们在家长的帮助下完成值日。但是到三年级第一学期，我要求每天只来一名家长，而且只需要督促孩子们完成卫生值日即可。可是从一学期的观察看来，有些家长看到孩子们打闹、磨蹭，就会忍不住帮他们一把。久而久之，孩子们潜意识里认为家长会帮他们完成这项艰巨的任务，所以在值日时他们的"懒惰朋友"就出现了。

于是当家长问我三年级下学期是否需要值日的时候，我果断拒绝了他们的好意，坚持说让孩子们自己试一试。所以在开学第一天我重新安排好了值日任务，选好了新任劳动委员，在班会课上一项一项解释清楚，告诉他们到底需要做些什么。放学后我留在教室，告诉扫地的孩子要怎么打扫才是最快的，告诉擦黑板的孩子还要收拾哪里。我还重新更换了班上的劳动工具，买了更省时省力的工具帮助他们快速完成值日。长时间观察下来，我发现了几个小变化。

（1）劳动委员认真负责，会主动帮助其他同学完成值日任务，并且最后检查卫生是否做好。

（2）孩子们分工合作，秩序井然。虽然偶尔还是会有孩子偷懒，但大部分都能完成值日，想偷懒的孩子也会自觉加入值日队伍。

（3）值日用时短了。第一周值日结束后，我发现孩子们的离校时间越来越早了，这就说明他们越来越认真，并且能团结一致快速完成值日任务。这一点是我没有想到的，孩子们以前要拖拖拉拉到5点多才能完成值日离校，这一进步着实让我感到欣慰。

孩子们已经步入三年级下学期，很快就会升入高年级。在这个过渡时期，作为班主任，我们要做的不仅是帮助他们完成学业上的过渡，还要慢慢纠正他们的一些坏毛病，帮助他们培养良好的学习及生活习惯。班级事务繁杂，我们需要做的还有很多很多，可是我相信，这些小天使会给我带来一次又一次的感动。

一个女班主任的父式班级管理·摘一说二

□ 贾 取

也谈留白与自主管理

无论是魏书生、李镇西等教育名家提倡的"培养孩子的自育能力"，还是21世纪初陕西师范大学学者提出的"班级管理中的留白艺术"，抑或是我校知名教师王琪的"班级管理中的留白与写意"，无不在提醒我们：教育一定要给孩子充分的自主空间，让孩子拥有自己做判断、自己做决定、自己去尝试和体验的机会。虽是女儿身，但因为我的性格原因，在班级管理工作中常常以男性的角色代入，并且自我命名为"父式管理"，其核心宗旨依然是"留白与自主管理"。

Wo牛班是我首次从一年级开始带一个班。都说孩子就像一张白纸，随意在上面画点什么都有可能变成现实。那么这群孩子就像是我案头的一摞白宣纸，是像妈妈那样时时刻刻高度紧张全程不放手地带着他们涂满画卷，还是像父亲那样松手让他们肆意放飞自我只在必要时提点一二？谁都无法断言哪种方式更好，毕竟每个孩子都是独一无二的生命存在，适用于一个孩子的教育理念，到了另一个孩子那儿或许就会水土不服。作为班主任，在整个班集体的管理上必须要有一个既能适合整体的班级氛围，又能契合本人行事风格的、主线明显的教育方针。因此，经过综合考量、多方权衡，我在Wo牛班实行的是"父式的班级管理"。具体说来有如下两个方面：

远师不如近己

俗语云："远亲不如近邻。"讲的是当有急事需要帮助时，与其跋山涉水地找远方的亲戚来帮忙，还不如找附近的邻居来解燃眉之急。Wo牛班的教室在一楼，而我的办公室在遥远的四楼，遥远的空间距离着实给我的班级管理工作添了不少麻烦，每天四层楼十几个来回的奔波也让我体力耗尽、疲惫不堪。于是我开始筹谋"父式管理机制"，委任几个班干部分担我的管理职责。例如，在任课老师到来之前，课前静息的管理员要根据课表提醒同学做好相应的课前准备；眼操时如果等老师从楼上高年级的教室匆匆赶过来就为时已晚，所以眼操管理员会主动替代老师的监督之责；运动细胞先天不足、至今踏步时分不清左右脚的我，在带领早操时也同样拜托了管理员来替代我，所以经常看到的一幕是"早操管理员在最前面带队，我则跟在最后面"……长此以往，小Wo牛们也发现了"既然班主任是靠不住的，那就只能靠自己了"。于是乎，当早读时部分孩子到校太早，领读员就会带着同学自发地开始早读；当有孩子突然身体不适时，同伴会安排人先护送他去校医室，同时另派人去四楼找我报告；当教室的文化展墙有破损剥落时，会有孩子默默地找工具修补好；当学校赠送的新书到货时，会有孩子在我到达教室之前就已经分发下去给大家传阅了……自此，"远师不如近己"的父式管理机制在Wo牛班顺理成章地建立起来。作为受益者的小Wo牛和我，都默契地觉得这种模式挺好的，可以继续坚持下去。

奖品离不得，自由更重要

初任班主任之时，名师Lily姐以及田妈妈就提醒了我，对于低龄段的孩子而言，"棒棒糖教育"（给孩子一些小奖品）是最简便易行且效果显著的。实践发现，每当在课堂纪律几近失控时，我亮出一个小奖品，巡视全班说道："我看看，坐姿端正、最安静的同学在哪里？"不出三秒，全场立刻鸦雀无声，孩子们个个都挺直了腰板儿。虽然这种物质化的奖励机制在一定的时间、地点、场合下是非常奏效的，但是并不会一直行之有效。正当我为效果的延续性发愁时，资深前辈熊姐姐又提醒我另一种方式——奖励自由，其心理学依据在教育心理学专家刘儒德的著作《教育心理学》中有迹可循。

　　于是我重新制订了Wo牛班的奖励机制，增加了"一天攒够了15个小红花贴纸可以兑换15分钟的自由时间，这15分钟可以分散使用，比如数学课堂练习时可以支配5分钟做自己想做的事、大课间辅导时可以拥有10分钟的自由活动时间等"，使物质奖励与精神奖励相结合。"奖品离不得，自由更重要"的新型奖励机制实行一段时间之后，效果显著。最直观的表现就是课堂上开小差的情况明显少了，课堂效率随之提高，因为小Wo牛们都知道："课堂上恪守纪律可以换得15分钟的自由时间。我那总试图切橡皮、转铅笔的小手和总想瞟窗外发生了什么的小眼睛还是控制一下吧，等到赢得了15分钟的自由时间再肆无忌惮地放飞自我吧。"

我们班的那些事

□ 李巧云

场景一：

今天又到了换礼物的时候，全场一片欢呼。突然，小胖举手了，说："老师，我有问题！"我点点头，示意他继续。他扭扭捏捏地站起来，说："老师，你是给我们派礼物的天使吗？"

场景二：

今天上课，我走下讲台检查孩子们写的字，突然发现黑白相间的地板上出现了彩色的涂鸦，于是我生气地问："谁弄的？"没人回答。我严肃指出这件事的错误，并请几个孩子帮忙清洗。第二天，我无意间看见一个孩子趴在桌子上。走过去一看，这个孩子正手拿彩色笔画桌子。我强压怒火，耐着性子对他说："桌子都被你画哭了！"他抬头看看我，说："我想给它们添点衣服。"我当场被他萌住了。

场景三：

第一节课下课，我走进教室。一个孩子跟我说："老师，小兵和小胖打架了。"第二节课下课，我又走进教室，小兵正和几个孩子趴在地上滚来滚去。第三节课下课，小兵主动找我说："老师，我不玩枪战了。"话音刚落五秒，他又说："老师，我还是找小胖去玩吧。"立刻，耳边充满噼噼啪啪声。

为什么要写这三个不同的场景呢？我是想说，每个孩子都有不同的一面，他们既有天使的善良，也有恼人的纠纷。他们做对了，我们要表扬；做错了，我们要给他们指出问题所在，并告诉他下次怎么做才对。千万不要轻易启动责骂模式，因为实践证明，一味批评是没有效果的。

心理学有个现象叫作"超限效应"：当一个人接受的刺激过多、过强、时间过长，内心就会滋生不耐烦、逆反的情绪。用一句话来概括就是"入鲍鱼之肆，久而不闻其臭"，当我们大声责骂孩子时，他们的大脑也会产生一种逃生机制。虽然我们在教育他们，可是孩子满脑子想的都是："别骂了，什么时候结束啊？"当责骂完问："以后还这样吗？"孩子一定立马表现得很老实，并回答："不这样了！"可是明天"依然重复昨天的故事"。怎么做才能有效果呢？

（1）对孩子的要求要简单干脆。比如，总有孩子喜欢乱扔自己的东西。一个要求方式是："一个小姑娘，整天邋邋遢遢像什么样子，多丢人！自己东西自己要放好不知道吗？从小就得学会独立！"另一种方式是："给你十秒钟的时间收拾东西，我看着你做！"大家觉得哪种方式更好呢？

（2）对孩子的批评要就事论事。

（3）孩子犯错时，给孩子一个指导性选择。

（4）老师要学会控制情绪、放下身段。

作为班主任，我们要重视"超限效应"，不要轻易地站在孩子的对立面，要加强师生的情感交流，在尊重学生个性的基础上指导学生，使学生在轻松愉快的气氛中反省错误，成长为有责任心有担当的孩子。

白云王国的童话世界

□ 李巧云

白云中队的孩子和谐相处，互相帮助，成了好朋友，大家都很开心。但有时也会有孩子吵架，更甚者还会打架。他们互不理睬对方，在我的劝说下才能重归于好。

后来我就成了他们的"和事佬"，一有问题孩子就到我这里寻求帮助。我不停地给他们化解矛盾、解决问题，累得我叫天天不应、叫地地不灵。正当我陷入不知如何改善班级氛围的瓶颈期时，那曾经在我心中构思无数次的白云王国管理模式再一次浮现在我的脑海中。

于是，当孩子又向我投诉的时候，我谁也没有批评，而是跟他们讲了白云王国的由来："很久以前，灵芝王国在一片肥沃的土地上诞生了。为了壮大自己的实力，国王不断地招贤纳士。灵芝王国越来越大，可问题也来了，老国王一个人管理不了那么大的王国。于是，他把灵芝王国分成很多个不同的小王国，让他们自己管理。我们白云王国就是众多小王国之一，而你们就是白云王国的国民。只有每个人都做好了，我们的白云王国才能变得越来越优秀。"

看到孩子们泛着光芒的眼睛，我知道这个办法奏效了。于是在我的说教中多了很多的故事，我们的故事里也多了很多不一样的精彩。

针对孩子们乱扔垃圾的问题，我跟他们讲了"乱扔垃圾的笨笨熊"的故事，让他们知道不能乱扔垃圾，同时要监督同学不能乱扔垃圾，有垃圾必须丢进垃圾桶。设立"卫生大臣"，其职责是在平时的生活中负责监督、检查班级的卫生情况，对乱扔垃圾的同学进行劝告，对看见垃圾就拾起的同学奖励小红花。

童话故事进教室的方法符合低年级孩子的年龄特点，迎合了他们的兴趣，激发了他们自己管理自己的热情，让他们学会了如何约束自己的一些坏习惯。这种办法让我多了表扬，少了教育；多了微笑，少了苦恼。一切慢慢来，给每一个孩子成为好孩子的机会。

　　对于低年级孩子的教育，不是一个月、两个月就能看到结果的，也不是只靠一个赏识的眼神、一句表扬的话语、一个温柔的微笑就会有收获，而是需要我们科学地教育、科学地引导，用爱的教育感染他们。因此，对于孩子们，教育是等待的艺术、慢的艺术。

使花朵成长的是雨水而不是雷声

□ 卢 婷

善歌者，使人继其声；善教者，使人继其志。其言也约而达，微而臧，罕譬而喻，可谓继志矣。

优秀的歌手，总是能使听众随着节奏跟着他一起唱诵出声；优秀的教师，往往能使孩子自愿自主地深陷学习。给孩子讲授的语言，越是简要而透彻，越是精微而动听，举例不多而诱导得体，便可以使孩子自发地进入学习的天地。

班主任是沟通孩子、家长和各任课老师之间的纽带，与孩子的有效沟通尤为重要，它就像一座精雕细琢的桥梁，既能够让老师和孩子的心靠得更近，培养温馨有爱的班级氛围，营造良好班风，也有利于提高课堂效率。那么，班主任如何才能与孩子有效地沟通呢？

习惯以"你"和"我们"与孩子"闲谈"

"你"让孩子觉得老师一直站在他的角度为他着想，从而感觉到老师满满的爱和关注；"我们"充分地拉近了孩子与老师的距离，让孩子感觉到老师对自己的理解，正所谓"亲其师而信其道"。在与孩子的沟通中，有什么比让孩子感觉你是"自己人"更有效的呢？再者，与孩子做到无缝对接式地"闲谈"，更需要老师在每次的谈话前充分地了解和研究孩子的情绪动态、爱好、身体健康状态、与父母的关系，以及近期在课堂中的表现等，只有这样才能打开孩子们的话匣子，真正创设"闲谈"情景，让孩子们与老师卷入"闲"的气氛。

巧妙使用微表情和微动作

想象一下，在一个落英缤纷的下午，老师轻轻地搂着孩子的肩膀，带他来到办公室，给他拉过一张椅子示意坐下，给他端过一杯茶，用"来，先喝杯水"做开场白开始当天的对话。老师用温柔又充满关爱的眼神看着他，认真地倾听他说的话，用"老师理解你""这事儿不能怪你""老师建议你不妨这样"等语句和孩子对话，时不时地轻轻抚摸他们的头发，温柔地拍拍他的肩膀。这样充满温柔和爱的微表情和微动作就像是一缕春风，让孩子不由自主地放下心里的恐惧，愿意更加信赖老师，说出更多的心里话。

掌握批评技巧

俗话说："提升你的品味而不是嗓门。"如何才能让孩子对老师的批评建议心服口服呢？孩子态度的积极性与奖励的多少成正比。因此，先扬后抑式的批评尤为重要。有一次，一道老师重点强调的题有一个孩子没做对。老师先表扬孩子这次作业完成得不错，再指出"只是还有一个知识点需要完善一下"，最后淡化批评再激励，告诉他"这是一个小问题，我相信以后不会再发生了"。于是，那个孩子再也没有发生类似的错误。

幽默的语言沟通

幽默的语言是表现一位老师优美和健康的人格品质，它像一阵春风一样，使愉悦充满人与人的交际场中，并且表达出积极向上的人生观和对孩子们的真诚和温情。比如孩子读错一个单词，可以和孩子说："很不错，but有个小bug……"一句意外的玩笑话让孩子们感到愉悦，也加深了孩子们对于所犯错误的印象，使得他们更容易改变一些不好的行为习惯。

对于孩子们而言，班主任亦师亦友亦亲人。只要用一颗有爱的心，细心经营和每个孩子相处的点点滴滴，珍惜和孩子们相处的每一刻，反思自己的不足，都可做好与孩子们之间的沟通，完善班级的管理。

种下一颗善的种子

□ 王 琪

  丰子恺有首诗是这样写的："每个人心中一亩田，用它来种什么？种桃种李种春风，开尽梨花春又来。"这亩田地的点滴收成渲染了人生的不同色彩。每个孩子的心中都有小小的一亩田，成长过程中的播种、照料、收获，班主任扮演了不可或缺的角色。陪伴孩子们已经第三个年头，我在他们的心田种什么？善是我播下的第一颗种子，但"善"又是一个抽象的概念，需要具体的行为来体现。我没有办法面面俱到，只能抓住几个自认为重要的点，日复一日，点滴渗透。

善 言

  "老师！小欣被车撞了！""听说都流血了！"某天吃完早餐走出食堂，几个孩子急匆匆跑过来七嘴八舌地告诉我。我顿时后背一阵发凉，急忙赶到校医室，发现小欣并无大碍，只是被电单车刮倒，膝盖擦破皮。被惊吓过几次后我发现，这个年龄段的孩子有时说话分不清楚轻重和真假，听风就是雨，还夹杂着情绪。所以有被冤枉到大哭的孩子，有听了别人的话就跟好友"绝交"的孩子，有听不清楚对方的话就吵起来的孩子……最后发现都是一场闹剧。

  语言有时也是一种暴力，所以"温和客观地表达自己的观点"就显得尤为重要。我举很多例子跟他们解释什么是好好说话：看到什么就说什么，要描述细节让事情更具体；少用"总是""一直"这些概括的词；说事情要从头到尾说，不能只说对自己有好处的部分；说话要考虑对方的感受，要给对方留一些余地。

慢慢地，他们也会用这样的思路纠正其他同学的表达："你怎么能这么说呢？都没有给他留余地。""你不能说'总是'，他只是有两次。"虽然我不确定他们是否真的理解什么是"余地"，但一本正经的样子还挺可爱的。

善　行

有一次，我带孩子们去学校的游乐区玩，他们很喜欢爬上一个网状的小房子。下课集合，孩子们迅速来到我身边，只剩小叶还在"房顶"下不来。她的平衡感不太好，抓着绳子不敢挪步。有部分孩子开始幸灾乐祸，嘻嘻哈哈的，小叶着急得脸都红了。这时，小添从队伍里出来，三下五除二爬到小叶旁边，指着旁边的一个支点说："你的脚踩过来。"小叶挪过去一点，他又指着前面："再踩这里。"就这样，在他的帮助下，小叶顺利地从"房顶"下来了。回到教室后，我们一起分析了刚才孩子们的不同表现会给小叶造成什么影响，并表扬了小添的举动。有对比就有反思，后来这种置他人于窘境而不顾的情况就少了。

"考虑你的行为对他人的影响。"每次有导向意义的行为发生，不论大小，我都要在孩子们面前说一说。不考虑他人感受的，比如有人欺负小萝卜头、有人偷偷藏起来同学的借书卡、有人在同学站起来时拖走他的椅子等；考虑他人感受的，比如小雨安慰伤心的同学、小唐扶起了挡路的杆子、小菲帮别人洗完抹布递回去的时候折成一个小方块，等等。

孩子还小，不能像成年人一样思前虑后，但他们也是独立的个体，也在自己的群体中生活着，他们在一件又一件的小事中积累起自己为人处世的方式。所以善行虽小，却意义非凡。

善　心

以前，有些小男孩在班里喜欢卷窗帘玩：一个把自己卷在里面，另一个在外面戳他。有一次玩过火了，把整个窗帘扯了下来。我再三警告，但没过几天又扯下来一次。我换了个角度跟他们讲："你们看看来修窗帘的师傅，他今天

一路向暖

很忙，学校需要维修的东西很多，但是因为你们来这一出，他的工作负担又增加了。他要爬上高高的梯子，把窗轨修好，一不小心还可能弄伤手。"讲着讲着，班里安静下来，那几个小男孩低着头一言不发。从那以后，再没有发生扯掉窗帘的事情。

"体谅他人的不容易。"遇到事情，我让孩子们先想当事人是否有难处。比如为一张卡片打架的男孩，是因为他真的很在乎那张卡片，被夺走了肯定很生气；考试时作弊的女孩，是因为她很想考好，可是找不到正确的方法；不能乱扔垃圾，因为打扫卫生的阿姨会更辛苦，等等。

早慧的孩子能够理解，迷糊的孩子似懂非懂。相信通过耳濡目染、相互提醒，假以时日，心中有善念的孩子会越来越多。

行为易教，观念难教。这方面难以总结出可迁移的教育方法，都是"凭感觉"。在与孩子们相处的时间里，我观察点滴细节，抓住教育契机，根据孩子们的特点加以解释和教育。随着时光的流逝，或许孩子们将来会忘了曾经的老师，忘了学过的知识。但此时此刻，我还是会好好培育这颗善的种子，希望它在孩子们的心里扎根发芽，一直生长。希望孩子们一辈子都能因善言、善行而长久心安。

用爱的语言化解冲突

□ 王 琪

场景一：

小谭哭着来找我，说小吕打他。我把两个人叫到一起，将来龙去脉一捋，原来是小吕跟同学玩，不小心打到了小谭，自己却没有意识到，没有及时道歉。但是小谭觉得自己莫名其妙被打，很生气，就还了一下手。小吕不明白小谭为什么要打他，两个人就扭打起来。

场景二：

小欧想跟小孙玩，就拉了一下他。小孙不想跟小欧玩，就走开了。小欧继续拉，小孙就打了一下她的手。小欧被打，很委屈，就打回小孙。两个孩子扭打起来。小楚看兄弟吃亏，就过来劝架，拉开小欧。小欧发现小楚无缘无故打自己，转头和小楚打起来。小楚一生气，一把将小欧的头按去撞墙。这场混战以两个男孩的面红耳赤和一个女孩的号啕大哭告终。

一开始面对这样的场景，我苦口婆心地开导，动之以情，晓之以理，讲得口都干了。眼前的小孩点点头，似乎懂了，可第二天又面红耳赤、号啕大哭地出现在我面前。情节场景如此相似，有没有更好的解决方法呢？场景一，如果一开始小谭问一句"你为什么打我"，小吕及时道歉，后面就不会打架。场景二，小欧觉得自己好心好意想跟同学玩，结果还被打，很委屈；小孙觉得自己不想跟同学玩，为什么要被勉强；小楚好心劝架，结果也被打，更生气，所以混战在所难免。

我渐渐发现，很多时候不良情绪的由来是"不被理解"，孩子间的矛盾冲突来自于缺乏沟通。所以，教孩子们"合适地表达自己的感受和需求"就显得尤为重要。

我在广州参加非暴力沟通工作坊时学到一种方法，简化成儿童版，可在日常生活中逐步引导孩子们尝试。大概做法是陈述事实（客观，不带情绪）+描述感受（痛、开心或不开心等）+表达需求。比如，"你刚才打到我的手了，我有点痛。""我不想跟你玩，你可不可以找别人玩？""你们不要打架了，打伤了不好。""你拿了我的书，我现在没得用，有点着急。"无论对方故意或者不小心，一般意识到自己做错事情都会道歉。如果没有达到期望的效果，可以继续沟通。比如，"我希望你能跟我道歉。""我希望你能还给我。"孩子会本能地运用语言沟通，在这个过程中学习表达感受的词汇。当需求被满足，可用喜悦、愉快和平静等；当需求没有被满足，可用担心、焦虑、烦恼和不舒服等。将自己内心的需求表达出来，并得到理解，情绪会逐渐好转。对方获取需求信息，并做出回应。双方通过有温度地沟通化解冲突，温和地坚持胜过激烈地对抗。

后来，跟我告状"老师他打我""老师她说我"的情况少了很多。表达、观察、感受、给予……和孩子们一起梳理情绪，培养自我觉察和沟通交流的能力。我不断加深对他们的了解，掌握更多孩子的心理特点，一起成长，一起用爱的语言构筑和谐的氛围。

最后引用一句话和大家共勉："我们必须有勇气让他们（孩子）欣赏这个世界、理解这个世界，并且按照自身的特点积极地参与这个世界。"这是我们共同的责任。

绰号变美名

□ 叶小美

宁静的午后，坐在舒适的靠背椅上，执一本闲书，和着音乐，伴着茶香，岁月如此静好，我陶醉在闲暇的时光里。突然，小黄同学的一声报告打破了这份难得的宁静。我一抬头，只见她满眼忧伤。这是个不爱与人交流的女生，但非常热爱集体，班级的一些累活脏活经常抢着干。

"怎么啦？"

"老师，小轩给我取了个绰号叫'黄太婆'。"话音未落，她已是眼泪汪汪。

"为什么会有这样的绰号呀？"

她抿了下嘴唇，双手不自觉地搅动着衣角，思考片刻，似乎下了很大决心似的："因为有一次值日的时候，我看见小轩在偷懒，就催促他抓紧时间打扫卫生。他说我像大人一样声音大、脾气坏，还给我取了绰号叫'黄太婆'，并且告诉了其他同学，默默一叫就传开了。"

年仅8岁的孩子就被称为太婆，还真的难为小黄了。即便是到了我这个年纪，听到别人这么称呼我，内心也会很气愤的。怪不得最近总感觉班里的男孩子怪怪的。

"老师，他们现在总这样叫我，就是我再生气也没用。"

"好的，我会找他们交流的。"我拍拍她的肩膀安慰道。

孩子们天性好奇，而且想象力丰富，在朝夕相处中难免会想出一些鬼点子来做乐，给同学取绰号也是一件司空见惯的事，他们没有意识到这是对他人的人格侮辱，也没有想到这会给他人带来无形的伤害，导致被取了绰号的孩子暗自神伤。如"刘恺栋"被谐音为"水果冻"、胖点的叫"猪八戒"、矮的叫"武大郎"、名字带钱的被称为"钱大妈"、力气大点又被喊为"暴力男"……这些绰号在他们之间已经屡见不鲜。

如何才能更好地避免这一不良现象的发生，使孩子们的关系更和谐呢？

既然他们喜欢取绰号，何不投其所好呢？我给孩子们开展了"奇思妙想取美名"的主题班会。一开始，我在黑板上写下了两个字——阿面，那一刻孩子们非常惊讶，主题班会从我个人的绰号故事拉开了帷幕。

大学期间我特别爱吃面，有一次和舍友们一起聚餐吃火锅，或许是火锅的香味混淆了她的思维，舍友在给我夹面的时候一不小心把要表达的"阿美吃面"说成了"阿面吃面"，大家哄堂大笑，而绰号"阿面"从此便伴随我度过了以后的大学时光。甚至在之后每次的同学聚餐中，大伙都会自觉地为我点上一份面。正因为这个有爱的绰号，我意外地幸福了好多年。分享完我的故事，我发现一些孩子的眼里开始闪闪发亮。是的，这次主题班会就是专门让孩子们根据同学的优点、特点互相取个动听的绰号。

没想到孩子们可来劲了！很快，许多生动形象的绰号出炉了：下课后经常向大家边画法老边讲法老历史的小王被称为"法老王"；武术比赛总拿奖的小孙被称为"孙悟空"；知识面广的小麦被取名为"麦博士"；喜欢朗诵、主持节目的小吴被取名为"金话筒"；跑步特快的小江获得了"飞毛腿"的美称；声音甜美、歌声动人的小莽则获得了"百灵鸟"的美名。最高兴的莫过于小黄了，她总算甩掉了"黄太婆"这个让人难过的绰号，因爱好写作最终被小轩重新取了个"小作家"的美名。小齐也不忘给我取了一个"大蝴蝶"的美名，她说我就像是一只美丽的大蝴蝶，鼓励着他们这群可爱的孩子们努力地长大。我非常认同她的话，欣然接受了这个绰号。如此集思广益，大家都有了好听的美名，个个心花怒放。自那以后，孩子们不再为绰号而闹得不愉快，反而更加和谐欢乐了。更值一提的是，他们为了让自己名副其实，变得更加努力进取了。

正如我们的校训所言："心中有爱，快乐灵活。"只要我们心中有爱，就会有积极向上的力量，就会善待孩子们。正面绰号风波，站在孩子的角度看世界，发现每个孩子身上的才能和优点，灵活地为他们提供展示自我的机会。绰号巧变美名，孩子们在潜移默化中体会到被同学爱的快乐、被老师爱的快乐、被生活爱的快乐。

在这个有爱的氛围中，我趁热打铁，又推出了小书虫中队"最美小书虫""虫虫语言美""虫虫行为美""虫虫心灵美"等评选活动。

　　渐渐地，孩子们的言行更文明了，同学间的关系更融洽了，乐于助人的
"小雷锋"也更多了。放眼看去，我貌似看到灵芝园里 "彩蝶满园飞"，原来
岁月竟是如此的美好。

让我慢慢地靠近你

□ 叶小美

　　"让我慢慢地靠近你，伸出双手你还有我，给你我的欢笑、我的祝福，生命阳光最温暖……"

　　每当听到这首温暖的歌，我的脑海里就会浮现出我们班一个孩子。他叫小杨，是一个有自闭倾向的孩子，从不跟人交流，常被人捉弄。已经记不清多少次他哭着、喊着跑到我的办公室，却什么也说不出来。我只能帮他擦掉眼泪，跟他聊天。当然，聊天过程只有我一个人说话，这种方式大概持续了一两个月，我却仍然走不进他的世界。同事看到我对他的态度半开玩笑道："孩子爸妈都劝你放弃了，你是真够执着的。"是啊，我是为了什么一直坚持呢？也许是因为蜷缩在黑暗角落里的小小身影吧。

　　那年秋天，母亲突发意外导致大脑受伤，记忆大不如前。我也开始被同伴嘲笑，他们经常三五成群地挡住我上学、放学的路，逼迫我不得不走山路、爬臭水沟。若是哪天碰到他们，免不了遭受他们的恶语讥讽、唾沫横飞。每每遇到这种情况，我都无比渴望温暖、渴望妈妈。那时的自己也害怕回家，因为我找不到心目中的妈妈，无法倾诉自己心中的话，内心充满了黑暗和虚弱。

　　有一次，蜷缩在学校楼梯死角处的我被彭老师发现了，她当时伸出双手似乎想要说些什么，我不由自主地把身子往衣服里缩了缩，警惕地往后退了好几步。她依然面带微笑地走到我前面，把手伸了出来。"妈妈！"我感觉到了妈妈的温暖，那一刹那，我不由自主地伸出了双手。自那以后，彭老师就像妈妈一样陪在我的身边。是她给予我自信，让我慢慢地走出自卑；是她告诉我可以用自己的力量给爸爸妈妈、给身边的每一个人带来阳光和温暖。

　　后来，听说彭老师得了肺水肿。再后来，听说彭老师住院了。再后来，彭老师走了……她留下的一本日记写满了教育故事，其中有很大一部分是关于我。看完日记后我号啕大哭。也许对于彭老师来说，我只是她生命中关心过众多孩子中的一个。但对于我来说，她却改变了我的整个世界。

而此时此刻，记忆中那个号啕大哭的身影和现在不谙世事的小杨慢慢重合。几个月来，我查阅了自闭症和多动症各方面的资料，询问过众多专家和老师。我不知道他什么时候能正常地跟我交流，但是我一直在坚持。直到有一天，小杨迎面向我走来，他笑了！是的，他笑了！那一刻，一股狂喜涌上了我的心头，我哽住了，说不出话来。是的，我一直以来的努力靠近他怎么会感觉不到，他在慢慢地靠近我啊！

罗伊·克里夫特曾在诗中感叹："我爱你，不光因为你的样子，还因为，和你在一起时，我的样子。"我喜欢和小杨在一起时我的样子，因为那时候的我很温暖、很坚定，正如那一年的彭老师，给予我生命中最灿烂的阳光！

心平气和的二年级

□ 郑梦曦

世界可以很小，也可以很大，全凭你从哪个角度去看；我们的孩子可以天真无邪，也可以让人气急败坏，全凭你用什么心态跟他们交往。心态是很难把握的东西，如果一定要选择一种积极的心态去面对孩子，我想一定是"心平气和"。我很幸运，能在灵芝小学二年级肥沃的土壤里播下平和的种子，静静地观望他们生根、萌芽、开花。

成人之美，何乐而不为之

一天课间，有几个孩子把数学作业本的纸撕下来折纸飞机。按我的认知，撕作业本是浪费纸的行为，应该批评他们，但我又想到，折纸飞机不算浪费纸，说不定还能折出花样呢！于是，我抛开定势思维，好奇地问："孩子们，你们谁的纸飞机能飞得又高又远啊？"孩子们本以为是一顿批评，结果被我的问题问倒。

"我们到教室外面的空地比一场吧！但我有一个小小的要求，你们的飞机无论飞到哪个角落，都必须捡回来保管好，不给校园制造纸屑，能做到吗？""好！"孩子们欢天喜地制造出各种纸飞机，尽情比试，场面壮观，最后自认为纸飞机飞得又高又远的人来找我"邀功"，我表扬了他。这个课间十分钟对我和孩子们来说实在太美妙了！

操场上翱翔的纸飞机让我明白，要改变一个孩子是很难的，但顺应孩子的天性去做事就简单多了。真正的"为你好"，不是让孩子迎合大人，而是大人要长出一双慧眼，发现孩子真正的需求，成人之美。

一句知心话，胜过万钧雷霆

一个阳光灿烂的下午，彦谷带了画画本来学校，很认真地画了几幅作品。很少有孩子像他这般认真画画，我十分好奇地问："我能看一下你的画吗？"他立马摇了摇头，一副很没有自信的样子，像一个做错事情的孩子。

我鼓励他说："你画得很认真，老师相信只要认真画的作品都是美好的。"他这才胆怯地拿出画画本。我小心翼翼地打开，生怕哪个细节伤害了他，惊叹道："第一页你画了一只愤怒的小鸟呀，画得真好，如果让我打分的话肯定是A+！"他的眼睛里流露出淡淡的喜悦。我翻到下一页，是一只三角形的小鸟。"彦谷，你创造了一只三角形的愤怒小鸟啊，太赞了！""老师，不是我创造的，是愤怒的小鸟里本来就有的。"我还是继续鼓励他说："如果不是今天看到你的作品，我还真不知道愤怒的小鸟有这么多类型，谢谢你让我长见识了！"他高兴得咧开了小嘴，开开心心地回到座位上继续画画了。

每当我想起这件小事都觉得好温暖，并时刻提醒自己："因为有爱，所以每句话都要好好说。"

读书漂流，书中有大智慧

上学期末，我们班进行了《好妈妈胜过好老师2》家长读书漂流活动。一天深夜，我收到一位家长的读后感：

郑老师晚上好！真后悔这本书阅读得太晚，以前总是觉得孩子做什么都不对，从未查找过自己的原因。阅读这本书接近一半时，我才真正意识到孩子犯下的种种错原来都是自己种下的种子！悲哀！

前天晚上，我试着放下自己是妈妈的权利，给在老家上高中的女儿一点自由，女儿非常开心地回我微信说："妈咪真伟大！"我看后顿感自己以前太过于自私，什么事情都想掌控，这样教育孩子不行！

至于苗苗，前几天我和苗苗爸爸给他订下规定，这次期末三科成绩都不能少于95分。今天早上起床后我发现苗苗不开心，洗脸刷牙总是磨叽，但不知道为什么。待我忙完自己的事后耐心地问他："今天考试，你的东西都准备好了吗？"他慢吞吞地回答我："妈咪，如果我这次考试不能考到95分以上怎么办？"这时我才恍然大悟，回答他："只要你尽力了，把学到的知识掌握了，没考到也没关系。"他听后又再次确认一遍："这可是你说的！"然后很开心地背着书包出发了。如果没看这本书，我的回答可能让他一直背着压力去考试，真的非常感谢。

您放心，我绝对把这本书看完，还想让孩子爸爸也看。我发现，我们大人平时在生活中不注重的言行，无形之中会影响到孩子。我们两个协商从今天开始一定要放下身段与孩子和平共处，千万不能再给孩子施加压力。家里的气氛一定要温暖，千万不能再发生暴风骤雨了，从此让家里充满阳光！

我把信息反复阅读，惊讶于她的改变。以前在她口中都是对孩子爸爸的抱怨，对儿子的负面评价，甚至对同学和其他家长抱有成见，现在却能从自己身上找原因，在教育孩子方面也有一点心得体会，实属难得。

如果我们的教育也会"生病"，请不要焦虑，书籍和生活都有大智慧，只有心平气和地阅读（泛指读书、读人和读事），才有资本和方法治愈心灵。

教育后记：无论您年轻还是有历练，无论您表现的急躁还是淡定，一个好的班主任不应该是由外在决定，发自内心的爱最重要，爱孩子、爱职业。爱是班主任解决一切问题的前提，因为喜欢才能用心去做，才能体会到工作的乐趣。决定今天的不是今天，而是昨天对人生的态度；决定明天的不是明天，而是今天对事业的作为。赋予孩子美好，孩子便会以美好回报！

没脾气的邹老师生气了

□ 邹小苑

刚刚踏入教师行列，在孩子们的眼里，或许我是一名太过温柔的老师，就连批评，孩子们也不以为然。我确实不愿意对孩子们发脾气，但因他们过头的兴奋我实在难以维持正常的教学秩序。

开学的第二天，在一节数学课上，孩子们又兴奋起来，尖叫声、大笑声、自言自语的说话声扰乱了正常的上课秩序。我清清嗓子，大声提醒："请所有同学保持安静！"此时，孩子们听出我声音中的异样，一双双大眼睛看着我，异口同声地回答道："好！"我以为他们都明白了，可是刚过一会儿，吵闹声又开始在教室中响起。

我细听，原来他们正在议论上一节课上发生的事情，还沉浸于八卦带给他们的快乐中，却并没有注意到我的沉默。"啪啪"两声，我用一把尺子重重地敲击了讲台。孩子们终于齐刷刷地看着我，并意识到有什么事情将要发生。

"全班起立！"我大声说着，严肃地紧绷着脸，如果这时要给我自己画幅自画像，那绝对是紧皱的眉头、鼓出的眼睛、冒烟儿的鼻孔以及喷火的嘴巴。孩子们紧张地一个接一个，仿佛冒出坑的萝卜头，挨个站了起来。看着他们都闭上小嘴站了起来，我继续说道："一点纪律都没有！难道不知道上课的时候应该保持安静吗？老师已经提醒过你们一次了，既然你们不想上课，那就上自习，所有同学坐直！"说罢，我把数学书"啪"的一声，重重地丢在一旁。孩子们鸦雀无声，就像一个个闷葫芦，眼神里充满了懊恼，许多同学眨巴着眼睛看着我，好似在乞求我的原谅。就这样僵持了10分钟左右，我才给学生继续上课。

往后的几天，我感觉到这个班孩子的异样。课堂上，孩子们很安静，但安静的表现下是无精打采的模样，班长看到我远远地绕着跑开了，每次见到我都会裂开嘴大笑着叫"邹老师好"的小胖墩低着头弓着背从我身边溜走，就连平时最喜欢缠着我聊天的小姑娘也不再主动和我说话……孩子们的小心谨慎和疏远，让我陷入沉思。孩子们的课堂纪律，不是简单粗暴就可以解决的，或许需要一些方法和技巧。下面整理了我近几年课堂组织的一些做法，或许对大家会有一些启发。

一、用爱感染，筑人文课堂

一个班级就像一个军队，将领要提高作战效率就要先获得军心，而我们要调控课堂纪律，也要先抓住学生的心。新型的师生关系是平等、信任、互尊、互敬、互助的关系。老师首先要关心和爱护学生，做学生的良师益友。当学生对教师产生友好、亲近、佩服、尊敬等情感时，教师的言行可达到最佳接受的程度。同时，学生能把对教师的这份情感迁移到他所教的科目上。教师还应把微笑与鼓励带进课堂，尊重、理解、信任和爱护每一名学生，把学生看作教学活动中的朋友和同伴，使学生产生亲切感、信任感和自信心。这样，学生的思维才能始终处于积极状态，从而敢想、敢问、敢创新，进而自觉地参与到教学活动中来。

二、激发兴趣，创欢乐课堂

兴趣是推动学生获得知识和技能的直接内在动力。把知识点融合在有趣的故事、游戏、谜语中，可以增强趣味性，提高学生的学习兴趣。

1. 游戏教学

把教学内容，尤其是教学重点、难点与学生喜闻乐见的游戏有机地结合在一起，并合适地安排在教学过程中，让每一名学生都有参与的机会。一说故事，学生们的耳朵就会马上竖起来听，以故事贯穿课的始终，让学生在故事中快快乐乐的学习，突破了学生上课只有15分钟注意力的说法，保持学生40分钟的学习兴趣。例如，在教一年级《比一比》复习课时，我就采用以故事贯穿全课：森林中，动物们吵得可凶了，是谁呀？（大象、犀牛、兔子）知道他们为什么吵得那么凶吗？现在请同学当裁判，说一句公道话。兔子很不服气地说："我虽然矮，但我最聪明。下面是我给小朋友带来的题目，你会做吗？"（比高矮练习）兔子说："小朋友真聪明，谁要是回答出下面的题目，就比我兔子聪明了，你们试试吧！"（比长短练习）……一直到下课，学生都集中注意力，保持较高的学习热情和积极性。

2. 数学故事法教学

解决问题，又叫数学应用题，是数学教学的难点，我在教学中引导学生根据不同的题型选择采用数学故事扮演法，把自己扮演成故事的主人公，投入到活动中来，亲身经历收集、整理、分析的全过程，把数学知识放在一个生动、活泼的情境中，这样不仅富有挑战性和趣味性，还可以根据不同的故事情境采用画线段图法、数形结合法、转化法、对比法、假设法、割补法、倒推法等，让学生顺利达成愿学、爱学、乐学、轻松学的学习效果。

3. 阅读教学，开拓学生的视野

如"我国古代数学的成就""零的故事""'＜''＞'和'＝'的本领""阿拉伯数字的由来""负数杂谈""数学家的故事""陈景润、华罗庚的故事""小高斯的发现"等给学生阅读。学生通过阅读，可以拓宽知识面，开阔视野，有利于综合素质的提高。

三、体验成功，建和谐课堂

1. 小组合作，让"后进生"也能感到成功的快乐。

在课堂上采取小组长"传帮带"，合作学习，培养团队精神。许多"后进生"并不是因为智力问题，而是因为其心理受到伤害或困惑造成的。小组的合作学习，可以避免"后进生"孤军奋战的局面；可以消除"后进生""这个问题，我不会，与我无关"的消极心理。尤其是对那些学习有困难的同学的发言，更要多给一些鼓励的目光和语言，让每一名学生感受到自己在学习中都会受到重视和欣赏，让他们更加喜欢数学。

2. 艺术地评价学习成果，从评价中获得成功

（1）星级奖励。评价重在激励，针对小学生的年龄小，喜欢受表扬的特点，低年级采用"星级奖励"的方式，一颗小星星，一朵小红花，对成年人来说，可能是微不足道的事情，但在课堂上，奖励给低年级的小同学，这是无比光荣的事情，而且是老师对他的表现给予的一种及时的肯定和鼓励，更激发他对学习无比的热情和信心。

（2）言语激励。如：赞美评价法——"这个同学的想法与众不同，请大家给予掌声鼓励。"榜样评价法——"这一组的同学讨论得很热烈，合作得真好，希望其他组同学也能像他们那样。"假设评价法——"如果你在这个地方改一下，那就全对了！你能自己改正吗"等，使学生在老师的赞赏中领略到成功的自豪感。通过尝试，课堂教学呈现出前所未有的面貌：学生受到充分的肯定和激励，上课热情高涨，课堂气氛热烈。

3. 机智调控

最好的纪律是使教师和学生都感到舒服的纪律。由于孩子年龄较小，自控能力、自主能力尚在不断形成发展中，当出现违纪行为时，我采用眼神暗示法、语言停顿法、强化或淡化法、适时点拨法，根据偶发事件的情景变化和学生的身心特征，终止学生的错误行为，保护了学生的自尊心，从而让全班学生也起到"隐蔽性"强化教育作用。科学地解决课堂偶发事件、违纪行为。让每一个孩子体体面面地下课，体验到成功的乐趣。

总之，课堂调控是一门艺术，教师不仅要有扎实而深厚的知识功底，还要对课堂教学策略和方法有深入的研究。能吸引学生的课，就是一堂有人文的课；一堂有人文的课，就应该是一堂欢乐的课；一堂有欢乐的课，必然是一堂和谐的课。

班级管理篇 ◎

你的教鞭下有瓦特，你的冷眼里有牛顿，你的讥笑中有爱迪生。你别忙着把他们赶跑。你可不要等到坐火轮、点电灯、学微积分，才认识他们是你当年的小学生。

——陶行知

别让美沉睡

□ 王小玲

近日和儿子看了一篇季羡林先生的《槐花》，文章大意是季羡林先生曾有一次与印度朋友一起参观北大校园，路过一棵槐花树下，印度朋友不禁为槐花清香甜润的气味大为赞叹，然而季老却不以为然。他不禁想起自己也曾经对印度的木棉花感到惊讶，而同行的印度朋友却一脸不屑。"难道多得很就不了不起吗？"印度朋友睁大了眼睛看着面前的季羡林。季羡林先生由此改变自己的固有观点："越是看惯了的东西，便越是习焉不察，美丑都难看出。"他尝试永远用新的眼光去看待一切事物，努力在自己的心中制造出第一次见到的幻想。"我不再熟视无睹，而是尽情地欣赏。一切眼前的东西联在一起，汇成了宇宙的大欢畅。"

不由得想起我与孩子们，从一年级到四年级，孩子们于我、我于孩子们已经再熟悉不过了，我的课上完一个环节下一个环节孩子们便知道：写字、朗读、四人小组讨论、小练笔，等等。而孩子们于我也是：杰林，好文笔；羽哥，好人缘；小吉，好阅读；慧文，好歌唱；小陆，好表达……但，就仅仅这些吗？

走到四年级的今天，我们有没有因为"越是看惯了的东西，便越是习焉不察，美丑都难看出"呢？

这学期开学，每天语文课都有几分钟的故事时间，我们把他命名为"点点故事开讲啦"。一开始由我来讲，看看孩子们谁能够猜出老师讲的故事主角是谁？

"我们每一个人都有梦想，包括老师。"

"我知道，老师的梦想是成为一名优秀的老师！"

"谢谢我的小知音，再次提醒老师不忘初心。是的，有梦想就应该去追求，但是今天老师想跟你们分享的故事是《成就别人梦想的点点》。他是四人小组组长，在选小组座位时，他第一个上来跟我说：'老师我们坐最后一个四人小组吧，我们比较高。'他参加大队委竞选和另一个点点相同票数，还是他第一个过来：'老师，我就留在班级，为班级做事，大队委竞选就让小美去吧。'在大家放学离开教室后，总有他忙碌的身影在教室来回。下午回来，迎接你们的就是整齐的桌椅、干净的地面。"

　　"老师，我知道，他是泽聪。"

　　"这节课的故事就叫《成就别人梦想的泽聪》吧。在我们的生命当中，除了'胜过别人''压过别人''超越别人'之外，我们是否可以'成就别人'？成就别人梦想的人，终将成就自己！"

　　教室里掌声如雷！

　　"今天，老师给大家带来的是《小气鬼点点的逆袭》，这个点点经常生气，就因为一个称号——小气鬼！昨天下午拍照时你们有看到那个小气鬼么？"

　　孩子们一怔！他们还不习惯我这样称呼一个小点点，虽然，他们心里清楚是谁。

　　"昨天下午我们拍集体照时，大家喊什么来着？"

　　"王老师美不美？美！"

　　杰林来了一个拖长音："美、美、美……"还解释说这就是桃花流水窅然去的效果，结果引起大家的不满。

　　"邓杰林，黑不黑？黑！"

　　"邓杰林肥不肥？肥！"

　　"邓杰林小不小气？小气！"

　　"哈哈哈哈哈哈。"

　　这时教室里掀起了一片笑浪，杰林自己也笑得乱颤。

　　"杰林平时脾气是急躁些，还爱生气，但是一到关键时刻就还是又宽容又幽默的，是不是？我看这个'小气鬼'的称号并不适合他，大家以后就别用这个词了。"

　　"老师，我们给他取个'幽默哥'的称号怎么样？"教室里掌声、叫好声一片，杰林也洋溢着灿烂的笑容。

孩子们每天都期待着"点点故事开讲啦"，因为他们知道自己是故事的主角，故事里有美好、有幽默、有温暖、有感动……

除了我来讲点点们的故事，还有点点讲点点故事、小点点讲大点点故事、大点点讲小点点故事，有些不适合当面讲的，就形成文字交给我来读，或者交给同伴来读。比如：

王老师，您为我们花了很多心血和金钱，每月赚到的工资差不多都拿来买小奖品和文具鼓励我们学习。每当有同学生病，您都心痛得好像自己也大病一场似的。

我是很自豪的，因为我有一个负责任、温柔又幽默的班主任。

每当您讲故事前，我都会期待您要讲的到底是什么故事，故事的主角会是谁，每次我都会全神贯注地进入您的故事世界，在故事里慢慢畅游。

您天天教我们要自律，等我带着"自律"考上好的大学，我一定第一个来感谢您，约您再次相见。

王老师，我爱您！

小点点：奕铭

王老师，我想对您说："您辛苦了！"上课时，您总是在前一个晚上把内容写好，让我们第二天上课的时候看到课文中讲到的美丽风景。您讲的课生动又动听，我们都喜欢听您讲课。

当有同学过生日的时候，您总是早早地准备好礼物，每个过生日的同学都很开心，我们都想每天过生日。

当六一儿童节来临时，您更辛苦了，想着我们怎么玩才开心，想着什么奖品我们才喜欢，还想着六一儿童节的时间要怎么安排才合理。我们却只顾着自己玩，却忘了辛苦安排节目、安排游戏的您，最后留下整理教室的还是您。

当同学生病时，您会叫我们做好卡片给生病的同学，还会买一些礼物去医院里看望生病的同学。

王老师，我想对您说："您辛苦了！我爱您！"

小点点：紫琳

孩子们能够时时停下匆匆的脚步，发现妈妈每天接送的背影是如此美丽；发现奶奶每走几步就要回头是为了不与"我"走丢；发现同学弯腰轻轻拾起地上的纸屑，扔进一旁的垃圾桶；发现清洁阿姨擦过的窗台闪着星星般的光亮……这周围的一切都是那么美好，身边的人、事、花、草都可以进入我们的故事、我们的心灵。想起刚翻了几页的《悉达多》："即便洞悉了人生的无常和虚妄，也依旧热爱生活。看山看水，看叶看花。看春叶新发，翠嫩的绿，油亮泛光。"也正如季羡林先生所说："一切眼前的东西联在一起，汇成了宇宙的大欢畅。"

四季走廊，伴你童心飞扬

□ 王小玲

1982年，美国纽约大学教授尼尔·波茨曼出版了《童年的消逝》一书，书中一重要观点即捍卫童年。作者呼吁，童年概念与成人概念是同时存在的，孩子应充分享受大自然赋予的童年生活，教育不应为孩子的未来而牺牲孩子的现在，不能从未来的角度提早设计孩子的当下生活。

孩子的童心需要保护！在班级物质文化建设上，我们应该怎样落实保护童心的教育呢？我们与孩子们共同的家——教室，可以让它充满诗情画意，洋溢着纯真与温暖。我们秉着"贴近健康、贴近性灵、贴近生活"的理念，联合家庭，帮助孩子们一起画出心中最美的彩虹，打造一间童心飞扬的教室。

教室物质文化主要包括教室墙面布置、桌椅的摆放、板报的布局、走廊的美化等。今天，我想跟大家交流的内容是走廊的美化。

走廊有着独特的气质内涵，是独一无二的存在，洋溢着书香意趣，迸发着沁人心脾的绿意，充满孩子创造灵感的灵性结晶。

孩子们的走廊美化主要包括走廊书吧、盆栽、走廊墙面的布置等。我们的走廊摆放着国风书架，书架上摆满了各样的书给孩子们阅读，这些书一部分由学校购买，一部分来自家长的捐赠以及孩子们自己带过来分享的书目。每半年对书做一期更换，更换清理出来的书送给相邻班级的同学，或者进行图书漂流活动，这些活动能够保持走廊书吧的吸引力。不断更新的书目吸引了孩子们渴求新知的目光，孩子们进进出出都能够弥漫在浓浓的书香中。

走廊的两边摆放着的绿色盆栽，形态各异，名目繁多，这些花儿都由各自的园丁精心看护，而这辛勤又有爱心的小园丁不是别人，正是我们的孩子们。课间聊聊谁的花儿开了、谁又多了一片叶子、谁那儿有只蜗牛、谁那儿有蚂蚁……

走廊的墙壁给了孩子们充分发挥想象力的空间，这一期来个书法秀，下一期来个绘画展……在二年级下学期的春天，孩子们经过反复讨论，商定了一个主题——四季走廊。

春天来啦，我们给她穿上绿衣繁花吧，看那燕子在杨柳间轻快地飞舞，桃花正和蜜蜂呢喃低语，蝴蝶穿行其中，用翅膀轻抚着花瓣，小蝌蚪和妈妈一起快乐地游来游去，还有那黄鹂鸟，正微笑着唱着快乐的歌儿……

点点春意闹，使用春天的柳条、梅花、燕子，再配以
水墨国画使整个版面生机盎然，春意浓浓

春天很快就要说再见了，夏天来啦，我们布置什么好呢？有了！圆圆荷叶、夏荷尖尖、青蛙呱呱、知了鸣唱、蜻蜓飞舞……我们给她取个名字，就叫点点荷池吧。

玉立婷婷，青盖田田，一片片、一朵朵，
微风过处香袅袅

凉爽的秋天是枫叶的家，看那似火的枫叶在秋风中像蝴蝶翩翩起舞。

点点秋浓，枫叶流丹，似火的枫叶在自编的诗歌中
自在摇曳，摇落一季的秋梦

冬天呢？趁着深圳的冬天迟迟不来的间隙我们来一期"点点风云人物榜"吧，看看哪些点点让我们幸福、让我们骄傲。

骄傲点点，点点骄傲，让我们为自己的成长喝彩

冬天终于来啦！在南方长大的孩子对雪的向往都呈现在这小小的方寸之间吧。

冬有腊梅伴雪花，就让这一面墙壁带我们走进童话般的
白雪世界，让梦想像漫天飞舞的雪花飞扬

孩子们穿行在四季走廊，看春花秋叶，看夏荷冬雪，看着看着就长大了！
四季走廊伴你童心飞扬！

做一个勤快的班主任

□蔡 梅

俗话说得好："一勤天下无难事。"作为一名班主任，我们必须要比别的老师对班级更加关注，花更多的时间陪伴孩子们，仔细观察孩子们的情况，认真、妥善地处理发生在他们身上的一切事情。在这方面，我一直要求自己要勤奋，勤于处理小事情，及时纠正孩子们各种不好的行为。班主任是否称职，不仅关系到一个孩子的健康成长，更重要的直接关系到国家教育事业的成败和兴衰。

班主任是班级的主要管理者，要管理好一个班级，需要做大量深入、细致的工作，而且还要不断学习别人的先进经验。一个优秀的班集体对每个孩子的健康发展都起着巨大的作用。

培养孩子良好的行为习惯

著名教育家叶圣陶先生说："什么是教育？简单地说，就是培养孩子良好的行为习惯。作为一名老师，我们是孩子成长的指南。"培养孩子良好的行为习惯，为他们的健康成长奠定坚实的基础，不仅是教育孩子知识的需要，也是培养孩子良好行为习惯的需要。小学阶段孩子还小，有延展性，他们的行为习惯很容易养成，也很容易改变，这是培养良好行为习惯的最佳时机。一个班级里有几十个孩子，个性特点不同、兴趣爱好不同、家庭教育不同，怎样才能把他们培养成一个有理想、有道德、有文化、有纪律的新一代呢？这就需要班主任狠下功夫，对孩子要有深入地了解，更重要的是根据孩子的年龄特点用不同的教育形式引导他们。

创设平等和谐的师生关系

平等和谐的师生关系是课堂教学的基石，只有在轻松自然的教学环境中，孩子才能积极思考、敢于思考、敢于发言、敢于提问、敢于表达自己。老师要尊重、信任、爱护每一个孩子，合理运用语言、眼神和动作，激发孩子们对表演的渴望，鼓励孩子们大胆创新。老师的爱一旦被孩子理解和接受，他们同样会对老师充满爱，同学们之间的关系自然平等和谐，就会心甘情愿地接受老师的教育。

用一颗平等的心对待每个孩子

小学阶段，班主任往往是孩子心目中最完美的榜样，其言行、一举一动以及一些处理班级事务的方法，都会对孩子产生深远的影响。因此，班主任应该平等地对待每个孩子，无论是学优生还是学困生，让他们觉得老师对每个孩子都是公平的，用爱浇灌心灵的花朵。只有老师平等地爱每个孩子时，才能得到孩子的尊重和爱。老师也要关心那些被遗忘的孩子，用爱激发他们的上进心，让他们努力学习，展示自我。使一名后进生转化为学优生，要用师爱来激化他们。因此，作为班主任，一定要有一颗平等的心。

树立良好的班风、学风

要创造一个好的班级风格、学习风格，树立正确的班级舆论是非常重要的。而树立正确的班级舆论，班主任则扮演着重要的角色。孩子的思想不成熟，分不清对与错，凭自己心血来潮做事。在这时，班主任就起到了指导作用。当感觉班上有什么不良风气的时候，如偷东西、骂脏话、打架等，必须及时召开班会教育孩子，让孩子知道应该做什么和不应该做什么，让全体孩子一起努力抵制这些不良行为。此外，孩子应有竞争意识和忧患意识，通过各方面的评比活动来提高孩子的竞争意识，从而以提高班级的班风、学风。

这些是我在班主任工作中的一些心得。古语曰："他山之石，可以攻玉。"作为一名班主任，难免会遇到一些坚硬的石头，但如何将它们雕成色彩鲜艳的玉石，这就要求工匠们精心雕琢。因此，我将继续努力，更加勤奋，使班主任的工作更加完美，用自己的爱心和热情撞击那一颗颗天真的心，充分发挥孩子的智慧，成为一名勤快又优秀的班主任！

将懒先生进行到底

□ 陈瑞霞

俗话说："世界要发展，全靠一个懒！"懒得洗衣服，有了洗衣机；懒得经常买菜，有了冰箱；懒得走路，有了自行车、汽车。所以，"懒"得管班，才能有勤劳能干的班干部。对这一批班干部的培养，我绞尽脑汁，使出了浑身解数。总的来说有些效果，这里就班门弄斧，说说我的一些做法。

责任到人

在我们班，每个班干部都有自己具体的责任。我把这些责任制做成一个表格，贴在班级的墙上，并在开学之初专门开了一个班干部会议，告知他们具体的操作流程。然后请全班同学监督班干部，如果有不负责的情况可以提醒班干部，如果不听劝告可以直接告诉老师。若查明是事实，将会有相应的惩罚措施。另外还有很多小事情，我会设置具体的管理员，比如门窗管理员、饮用水管理员等。

提高威信

有些孩子并不让人省心，在执行之初对班干部各种刁难，比如带着自己的几个小伙伴在下课期间围着刚管过自己的某位班干部威胁说："你再敢管我，就不放过你。"还说："如果你告诉老师，就打你更重"。这个班干部一直不敢说，后来还是别的孩子偷偷告诉我的。

既然这样，那就只好由我亲自出马。我先叫来这个班干部，问清楚情况。

然后叫来这个带头的"小大哥"，一番威逼利诱之后终于低头认错。我让班干部说怎么罚他，这个班干部很是善良，只让他背诵一首古诗。我又去班里告诉所有孩子，班干部说的话必须要听，否则班干部可以直接惩罚。如果班干部惩罚不听的话，陈老师就要双倍惩罚。这个小威胁还是挺管用的，班干部的威信初步建立起来。

坚持不懈

班干部能够坚持下去，不怕苦、不怕累，甘心奉献，还需要老师时时地精神鼓励。比如当着全班孩子的面表扬班干部的优秀和甘于奉献的精神，并且夸赞他们很能干，是老师最得力的小助手。

以上是我的一些不成熟的做法。当然，懒先生还是要多向大家学习，争取事半功倍，将"懒先生"进行到底！

幽默调侃也教育

□ 黄宇静

以前看过《班主任之友》里的一篇文章，叫作《好老师原来如此简单》，文中有这样一个故事：

王老师刚开始教学就遇到了一个"问题少年"，教过他的老师们对他方法用尽，却换来他冷眼相对、恶语相向。王老师多次碰壁之后，一反以往严格管教的"鹰派作风"，不时用幽默调侃的方法批评教育该生。一次上课铃响了，他急匆匆地闯进教室，跑到自己的课桌前直接飞身越过，坐到自己的位置上。王老师夸张地大声惊呼："刘翔！刘翔！"全班大笑，他也不好意思地笑了。

王老师不时对该生幽默调侃，却让这个孩子认为整个学校只有王老师好。原来幽默调侃也能成就教育，而且是不错的教育。

这篇文章给了我很大的触动，让我在一年级做班主任期间拥有了快乐的对话……

爱看动画片的"钢铁侠"

小希因经常用他的钢牙利齿咬铅笔上的铁圈，被我冠以"钢铁侠"的称号。有一天，他的语文作业没有做完。我问他："钢铁侠，周末是去拯救世界了吗？"他沉默不语，"还是去看动画片啦？"他扑哧一声笑了，很不好意思地把作业本拿走了。后来这位爱看动画片的"钢铁侠"成了按时完成作业的"钢铁侠"。

看谁宝贝

一次合唱比赛，小希在好奇心的驱使下把妈妈让他带给同学们化妆用的粉饼弄碎了，还给他的裤子"化了妆"。他一脸担忧地问我："老师，你说我把这个弄坏了，妈妈会骂我吗？"我说："这就得看你妈妈觉得是这粉饼宝贝还是你宝贝了？"

一朵美丽的"猪"金香

有段时间，我带着一年级的孩子们读《晴天有时下猪》，孩子们喜欢得不得了。第二天我们一起读《明天是猪日》，看书大王小希提前跟我借了书，先看了起来，然后兴奋地跑过来，瞪着惊讶的眼睛跟我说："老师，书里有个人头上长了一朵猪金香！"我哭笑不得地说："哇！多么了不起的发现！不过，那个字读'郁'，是郁金香，不是猪金香哦。"

孔子云："因材施教。"既然我们所面对的是一个个活生生的孩子，孩子们各有其个性，就决定了教育者运用的教育方式方法绝不能是千篇一律的，而应是多种多样的、多元化的。如此说来，好老师原来如此简单。但是，好老师真的不简单，要在教育教学的实践中做个有心人，用心地探索、不断地总结才能取得真经，做起工作才能得心应手、游刃有余，从而把教育的担子挑好。只有这样，才能不但超越自己、超越别人。

今天，你抽奖了吗

□ 蒋佩君

又到开学季，带着假期的喜悦，孩子们又回到校园开始了井然有序的校园生活。

从四年级开始，我给两个班的孩子做了一个小小的抽奖箱，里面有各种各样的项目，比如减少作业量、和Sharon玩一盘飞行棋、给爸爸妈妈打电话表扬，等等。因为有了对抽奖的憧憬，孩子们的课堂表现也日益进步。从来不发言的孩子能举起手来积极发言了；爱说话的孩子能克制住自己的小嘴，尽量做到不说话了；小组之间的PK也越来越激烈了。一个学期下来，抽奖不仅给孩子们的学习提供了动力，还拉近了我和孩子们的距离。下课后总有一群小精灵在办公室里叽叽喳喳，办公室里好不热闹呢！

某一天给一位家长打电话的时候，孩子妈妈说："蒋老师，孩子每次放学回来都问我你打电话了没有，期盼你的电话很久了。"那一刻我是震惊的，我没有想到孩子们是如此期盼老师的电话，也没有想到一个电话的激励作用如此之大。一个几分钟的电话不仅让家长了解孩子在学校的表现，还在孩子们心中种下了爱的种子，接受老师的关心和鼓励。我相信，有一天种子会发芽，长成参天大树。

借着这股劲儿，本学期开学的第一节课我让孩子们对抽奖的项目进行了修改，除了保留几个热门项目，每个小组可以提出自己的新要求。一节课下来，我做了个小总结：最受欢迎奖——谢谢惠顾；最哭笑不得奖——作业大礼包；最佳吃货奖——棒棒糖。相信有了自己的选择，孩子们能更加快乐地学习，收获更多的果实。

现在，孩子们的抽奖模式又开启了。我相信，抽奖箱的魔力会更加强大，我也能看到更多灿烂的笑容和美好！

今天，你抽奖了吗？

赏识教育中的"翻译"技巧

□ 贾 取

以"生命如水、赏识人生、学会赏识、爱满天下"为基本宗旨的赏识教育已经得到了越来越多教育工作者的青睐，实践也证明赏识教育的确可以有效培养孩子的自信心以及学习的积极性、主动性和创造性，从而达到教育的目的。

但是在教育实践中发现，这种教育策略的弊端正如雨后春笋般悄然涌现。得到老师或父母"你真棒""你真是个聪明的孩子"的评价之后，孩子们并没有出现我们预期的优秀表现。如果不这样夸奖孩子，我们又该如何继续赏识教育呢？

斯坦福大学著名心理学家Carol Dweck 教授在这方面做了大量研究，他指出，人的思维类型分为成长型思维模式和固定型思维模式。前者是"能力渐进论者"，他们相信自己的能力可以通过努力得到提升，拥有成长型思维的孩子做事不易放弃，能从过程中享受到乐趣，更容易寻求帮助，复原力也更强；后者则认为自己的智力和能力是定量的，不会变化。夸奖孩子"你真聪明"就是在扼杀他的成长型思维，会让孩子自动将结果归因于本人的天生特质。因此，要让赏识教育有效发挥作用，需要我们在语言表达上实行"翻译"技巧。

赞赏的简短语句翻译成"描述性语言"

赞赏的简短词句最大的问题在于空洞，没有具体内容，只是加以笼统的界定，这样的赞赏会给孩子一种心理暗示：老师欣赏的只是事情的结果和取得的成绩，并不是事情的过程以及为此所付出的努力。用描述性的语言进行赞赏，就是要把笼统的"你真棒"翻译成"你在什么事情上如何做得真棒"。

例如课堂练习时表扬孩子可以这么说:"某某同学的字一笔一画非常工整,而且每个字都刚好住在田字格里面,不大也不小,看着真舒服!"课堂行为习惯树立好榜样时可以这么说:"某某同学课堂上总是腰背挺拔坐得端端正正的,眼睛也总是追随着老师地一举一动,从不东瞧瞧、西看看。"

表扬孩子很棒时不要简单的一句"你整理了书柜,真是个好孩子",而可以试着这么说:"老师看到教室外的走廊书吧被整理得干干净净,各种图书按照形状、大小分类摆放,磨破的书皮都用胶带粘上了,好多路过咱们班教室的老师、同学看到这么干净整洁的书柜都觉得非常舒心。"

评价性的论断翻译成"成长性语言"

小学阶段的孩子因为自我意识水平的发展有限,对自己的认识和看法在很大程度上依赖于老师的评价。很多心理学研究者发现,在儿童早期,老师是个体生命成长中关键性的重要他人,这个阶段的孩子格外在乎老师的评价。

教育实践中也常常看到这样的场景:老师高度评价某一个孩子的作品很棒之后,会有一大帮孩子蜂拥而至,拿着自己的作品把老师围个水泄不通,并大声叫着"老师,你看看我的怎么样"。对于那些做得并不好的孩子,假如我们直言说他做得不好,或者说他下一次可以做好时,打击了他继续下去的积极性,也不知道该如何改进才能使下一次做好。

因此,当一个孩子拿着确实很糟糕的作品给老师评价时,切忌不要用一句评价性的论断回应,而要使用成长性的语言,不仅要鼓励他继续努力,还要解释具体该怎么做才能使下次做得更好。比如,"书写混乱"意味着"笔画要工整,每行的汉字或算式应该排成一条直线";"计算粗心"意味着"在加减混合运算方面需要更多的练习";"行为粗鲁"意味着"需要等别人讲完话之后再开口,或者不要用攻击性的语言表达愤怒"等。

班级管理中的"千万别摘蛇果"

□ 贾 取

一路向暖
——王小玲名班主任工作室实践探研案例集

美国心理学家普拉图曾提出"禁果效应",灵感来源于《圣经》中的小故事——《亚当夏娃千万别摘蛇果》。禁果效应是指很多事物因为被禁止反而被涂抹上一层既神秘又具有诱惑力的色彩,大大激发了人们的好奇心。

新学期开始不过一两个星期,孩子、家长接二连三地跟我说班级卫生工具箱里储备的玻璃清洗液所剩无几了,要赶紧采买。我顿时心生疑惑,虽说经过了一个长长的寒假,教室的玻璃窗确实积攒了不少污渍,多费些清洗液也不奇怪。可是新补给才三天,又有孩子跟我说玻璃清洗液用完了。我百思不得其解,一追问才得知跟孩子们的个头长高了有关。

上学期初,正处于幼小衔接阶段的孩子们对小学校园里的一切都很好奇,扫地、擦窗户、帮老师搬书本都特别积极主动。可是时间一长,刚入学的新鲜劲儿一过,就明显懈怠了。尤其突出的是每天值日时总会发生口角和争执,孩子们一窝蜂地争抢着擦窗户,而看起来没什么挑战的扫地、搬凳子却是无人问津。为了改善这种状况,我制定了班级卫生值日分工制度,明确规定"除了当天最高的那个值日生,其他人都禁止擦窗户,擦玻璃专用的清洗液喷壶更是不准碰"。

这学期一来,很多孩子明显长个子了,他们觉得终于等到这一天了,于是拿着玻璃清洗液到处喷洒,教室墙壁上、黑板上、电脑屏幕上、教室门口的花坛里、象棋台上……如此大的消耗乐坏了玻璃清洗液的经销商,却愁坏了我和家委会采购组的爸爸妈妈们。

"千万别摘蛇果"现象的研究者认为,如果对一件事情不说明科学合理的原因，而是直接简单粗暴地加以制止，会使这件事更具有吸引力。孩子们在强烈的好奇心和探究欲望的驱使下，会将更多的注意力转移到这件事上，不顾劝阻偷食"禁果"。通常情况下，班规、校规越是禁止的事情，孩子们越是有兴趣，越是想做，正如孩子们肆意挥洒玻璃水事件。那就不管不顾、不加阻止了吗？答案是否定的。禁止还是要的，只是要加上一个前缀。

我将一瓶自来水和一瓶玻璃水故作悬疑地放在讲台上，这回轮到孩子们百思不得其解了。我不紧不慢地问他们："大家觉得玻璃水可不可以用来擦黑板？"看着一群孩子注意力全都集中到讲台上时，我继续说："咱们来做个实验看到底可不可以吧。"结果发现，无论是自来水还是玻璃水，都能把黑板擦干净。紧接着我给孩子们出了一道数学题："一瓶玻璃清洗液20元，用同样大的瓶子装自来水50瓶需要5元钱，请问用哪种水来擦黑板更划算？"

几个逻辑运算能力较强的孩子不假思索地脱口而出："当然是自来水便宜又划算啊。"我故作狡诈地说："那以后咱们班的玻璃清洗液用完了，请大家把自己攒的零花钱贡献出来买玻璃清洗液，好不好？"全班孩子扑倒一遍："不好！不要抢我辛辛苦苦攒下来的零花钱啊！"我很为难地问："那怎么擦黑板呢？"孩子们急不可耐地回答："用自来水弄湿抹布再擦啊！"我内心一阵窃喜，知道教育的目的达到了。从此以后，我跟家委会的爸爸妈妈们再也不用担心玻璃清洗液被浪费的问题了。

疏胜于堵，大禹治水的故事讲的也是跟"千万别摘蛇果"一脉相承的道理，这种理念在班级的日常管理中同样适用。尤其是对脑袋里装满了"十万个为什么"、好奇心格外突出的孩子，如果不明缘由地严格禁止，硬性规定他们不能做什么，反而会激发他们的逆反心理与探究欲望。所以我们应该通过适当的方式进行疏导和沟通，让孩子们亲眼看一看"这么做的后果是什么样子的"，眼见为实的他们自然就能主动说出"不可以这样做"。至此，他们也就能心悦诚服、欣然地接受那些规定和禁止了。

让斯金纳遇上马斯洛

——小议奖励机制在班级管理中的运用

□ 贾 取

斯金纳（Skinner）与马斯洛（Maslow）都是美国著名心理学家，他们分别因为强化理论和需要层次理论举世闻名，这两大理论至今仍在教育教学领域发挥着举足轻重的影响力。

由斯金纳的强化理论衍生而来的阳性强化奖励机制和代币制，更是教育教学一线工作者乐见其效的班级管理良方。

犹记得刚入职时，我本身的角色状态还未从学生时代抽离，仓促之间站上三尺讲台，面对一群"一言不合就告状求关注"的孩子们，我满脸只写着两个字——"神烦"。后来幸得前辈指点，送了我一摞乐学币，告诉我可以奖励给表现好的孩子，让孩子们攒着，攒够20币就可以兑换一个小礼物（铅笔、橡皮、尺子之类的卡通小文具）。

行之有效的代币制一度让我深感教育教学、班级管理并没有当初看起来的那么棘手，可是自从带了五年级却逐渐发现曾经立竿见影的奖励机制似乎在退去魔力。孩子们并不像之前那般在意，几乎都是一副爱要不要、who care的感觉。

困惑之际，某节心理健康活动课上孩子们的反应给了我答案。那节课里有个环节是价值拍卖小游戏，和家人外出旅游、拥有漂亮的外貌和衣服、吃遍世界各地的美食、拥有一技之长、成为让大家羡慕的人、拥有内心的平静和自由等20个项目，全班孩子竞拍，每个孩子拥有5000元，相当于一生的时间和精力。

五年级有六个班，这个游戏玩下来之后有个共同的发现，每个班的孩子全部都在争抢"拥有内心的平静与自由"。我采访他们的内心想法，无一例外，他们都表示因为太渴望自由了，哪怕是倾尽所有也要去换取。我当时以开玩笑的口吻问："自由有那么重要吗？"他们急不可耐地回应："当然！"我突然意识到为什么代币奖励机制一到高年级就失效——由原始强化物所引起的厌腻现象。曾经很受欢迎的卡通小玩具，拿得多了也就失去了原有的含金量，奖励效果也随之大打折扣。

那该如何修正呢？最终还是这些孩子给了我启发。某次心理课要奖励几个表现特别棒的孩子，特许他们十分钟的自由。孩子答曰："老师，你说的自由是真的吗？假如我们现在想趁着好天气去操场上跑几圈可以吗？"我当场答应："只要你们能够确保自己的安全就可以。"随即，他们在其他孩子艳羡的目光中直奔操场去撒欢儿。听说后来还遇到校长，他们无比得意地描述了来龙去脉。

自此，我有了改良代币制的思路，那就是结合马斯洛的需要层次理论，让斯金纳遇上马斯洛，重拾班级管理良方的魔力。具体做法就是，依据马斯洛的需要层次理论进行前期调研，了解孩子们此阶段最想要的是什么，搞清楚孩子们的心理需求，再来制定代币制的兑换规则。只要给孩子们真正想要的、确实感兴趣的，才能激发他们的内驱力，唤醒他们的内部动机，最终实现教育效果。

玩到孩子当中去

□ 连可爽

著名教育家陶行知先生说："我们必须会变成孩子，才配做孩子的先生。"

最近我一直在反思：假如我是孩子，我会不会喜欢这样的课堂和老师？

每天课前进到班里总是乱哄哄的，说话的、打闹的、折纸的、扔飞机的……怒火不禁心中烧，一张严肃的扑克脸是我上课的标配。课前准备的要求讲了无数次，但能做到的孩子寥寥无几；作业说好要按时交，总是缺这个、漏那个；回答问题要先举手再发言，然而他们一兴奋起来满世界都飘满了他们奇异的想法……

我无助地四处求解，到底要怎么办才能让他们专注地听我讲话，并且把话记在心里呢？前辈们有说我还不够严厉的；有说应该奖惩结合，不应该只奖不惩的；也有安慰说只是还处于和孩子们的磨合期的。听了八方建议，我只知道自己每天还是气得胸口发闷。孩子们很浮躁，课堂上注意力不集中，于是我生气地怒吼，竭力想树立自己的威信，然而效果甚微，孩子们照常无视我。

我觉得自己该做出点什么改变了，被无视的感觉真的不好受！于是，我跟孩子们商量："你们都喜欢玩，老师也喜欢玩。这周你们好好表现，下周老师带你们玩好玩的东西。"孩子们很好奇："连老师，好玩的东西是什么？"我说："刮刮乐。以乐学币作为货币，向老师换取刮刮乐，每2个乐学币可以买一张刮刮乐，而乐学币的来源则是课堂的认真听讲和积极发言。"为了激发孩子们更大的兴趣，我为刮刮乐的兑奖内容做了精心的设置，除了"奖励一个小礼物""获得5个乐学币"这种物质奖励，还有"请老师跟我一起跳校园舞""请给我一个拥抱""获得免作业卡一张""跟家长表扬我"等精神奖励。

令我没想到的是，这种"好玩"的互动竟使这帮令我头疼的孩子产生了极大的兴趣。课间排队换取刮刮乐的队伍从讲台挤到教室门口，为了得到乐学币，他们在课堂上给予我极大的惊喜。一双双渴望的小眼神盯着我，迫切地希望自己良好的表现获得认可。班上几个原本很调皮的孩子也能规规矩矩地坐好，甚至还很积极地举手发言。那节课，我全程微笑。课间，浩子突然跑过来对我说："老师，我喜欢听你现在的课，因为你讲课的时候声情并茂，真不错！"我哭笑不得，却也欣喜万分。假如没有这个外在的动力刺激，估计浩子现在还是宁愿自己讲也不愿听我讲，所幸现在的他已经发现专注于课堂的好处了。

但是仅仅一节课秩序好并不代表什么，因为谁也不知道哪一天这个外在的动力就失效了。与孩子们的相处最重要的还是建立内在的联系，就像王小玲老师一般，轻轻唤一句"孩子们"，他们就马上竖起聆听的小耳朵，这是王老师和孩子们用爱建立起来的默契。

孩子的天性就是喜欢玩，玩到他们其中，或许能够更好地俘获他们的心。在我迷茫失措的时候，范校长跟我说"上谋伐心"，意思是最上乘的谋略是攻心、劝服、俘获对方的心，让对方心甘情愿地做事情。当时的我还不明白这句话是什么意思，现在幡然醒悟：玩到孩子当中，让他喜欢我，进而喜欢我的课堂，其他的便都水到渠成了。

现在，或许会看到我在校园里跟孩子们蹦跶着跳校园舞，又或许看到我跟他们一起舔着棒棒糖聊天嬉戏，其实我也是一个孩子般的先生呢！与孩子们一同成长，只是这个信念便足以支撑一切。

走，我们去春游

□ 赖美芳

春天来了，小草纷纷探出头来，柳枝抽出点点嫩芽。面对这样的景色，我们不约而同地说："走，我们去春游。"

什么时候去春游、到哪儿春游、开展哪些活动、做哪些准备，这些都要计划好。四（4）班的语文课堂好不热闹，孩子们分小组制定春游计划，积极讨论，最后投票评选出最佳春游方案。

这次春游的主题是"寻找春天，拥抱自然"，孩子们穿着统一的班服，按约定的时间陆续到达宝安公园东门。远远看去，红蓝相间的班服成为公园一道亮丽的风景线。

为了让活动更生动有趣，孩子们分成六组进行公园寻"宝"大比拼，看看谁观察得最仔细、发现的"宝贝"最多，成为今天最终的赢家。活动开始了，孩子们像草原上自由飞奔的小马驹，穿梭在公园的小道上。原来，"宝"就是公园里的植物，活动的内容就是比一比哪组寻找的植物种类最多。孩子们有的趴在地上观察，有的走进树丛中，还有一组集体仰视一棵参天大树，东一句西一句地讨论树名，好不热闹呀！

一起来看看孩子们的成果吧，有马占相思、宫粉紫荆、山杜鹃、梧桐树、榕树……孩子们不仅记录了植物的名称，还将它们标识出属于什么种类，俨然在大自然中上了一课，收获颇丰。

接下来是游戏环节，首先是拔河比赛，孩子们使出全身的力气，异口同声地喊着口号，在绳子的两端博弈。家长们也被这气势感染了，摇身一变成为啦啦队，为孩子们摇旗呐喊、加油鼓劲。第二个游戏是两人三足，这个游戏考验的是参与者之间的默契，孩子们两两绑住双脚，喊着事先商量好的口号

"一二一二"齐步出发了，有的小组配合默契，已遥遥领先；有的小组急于冲刺，不小心摔倒在草坪上，但他们并没有放弃，快速爬起来继续向终点前进。第三个游戏是猜成语，由组内一个孩子做动作，其他孩子猜对应的成语。这个游戏也是孩子想出来的，成语由老师提前准备好，孩子们玩得不亦乐乎，在游戏中比拼谁积累的成语更多。

夕阳西下，活动也接近尾声，这次的春游活动使孩子们从大自然中认识到了更多的植物，增进彼此的了解，懂得团队合作的巨大力量。整个活动从策划到组织都由孩子完成，家长协助，把课堂与生活联系起来，从课内延伸到课外。孩子们从书本中走出来，走进大自然，放飞心灵，触摸春天。灵芝小学办学以来十分重视孩子的各种社会实践，这正符合学校"贴近健康、贴近心灵、贴近生活"的办学理念。

最后，孩子们以作文的形式给这次春游画上了完美的句号，我们来看看四（4）班孩子笔下的春天吧：

映入眼帘的是一片翠绿，眼前的小山是一片绿色的丛林，右手边的湖面静得像一块翡翠。湖的周围是一棵棵吐出了嫩芽的垂柳，柳条快要垂到湖面了。——杨子彦

宝安公园的树真绿啊，绿的仿佛是一片绿色的海洋；宝安公园的树真直啊，直的好像是一个士兵原地不动；宝安公园的树真美啊，像绿色的大伞，像鱼的尾巴，形态各异，给宝安公园带来了无限生机。——潘柏熹

顺着弯曲的山路向前走就到了玉兰园，各种颜色的花朵争奇斗艳，这里一朵、那里一簇地竞相绽放着。其中我最喜欢的是白玉兰花，纯白无瑕，还带着一股淡淡的清香，沁人心脾。——张毅

让孩子成为班级管理的主人

□ 赖美芳

前苏联著名教育学家苏霍姆林斯基曾说："实现自我教育才是一种真正的教育。"新课程改革下的班级管理理念是以人为本，实现孩子的自主管理是现代教育发展的一个重要趋势。那么，如何让孩子成为班级管理的主人呢？结合从教几年来的班主任工作经验，我认为可以从三个方面进行探索。

确立"以人为本"的理念，创新管理模式

"以人为本"的班级管理模式是对传统班级管理模式的创新，是让孩子在班级管理中体现出主体地位，通过各种方式和渠道参与班级的管理。本着"尊重孩子、提供机会、平等相待"的原则，我在班级管理中建立了班级岗位责任制，每个孩子都有机会当上班干部，保证人人都有参与班级管理的机会。从而让孩子们学会自我管理、互相合作、独立工作，使孩子的才能得到充分发挥，个性得到全面发展。

建设班级文化，共创温馨"小家"

一个班级的文化环境对于孩子的熏陶是潜移默化的。实践证明，生动、活泼、富有人文气息的班级文化氛围能使师生心情舒畅，激励孩子不断进取、创新。在班级文化建设上，我们的班级布置以大森林为主题，给人感觉非常的清新、舒适。我们中队是小精灵中队，孩子们个个是快乐的小精灵，勤劳、聪

慧、精神、灵气，希望孩子们像生活在大森林里一样自由、快乐，健康成长。同时，我让孩子们参与到办板报、布置教室的活动中来，每一期的板报、宣传栏更新都有孩子们活动的身影，使每个孩子都有表现自己的机会，为孩子的个性发展营造了良好的文化氛围。

丰富班级活动，提高自我管理能力

心理学研究表明："一个集体若没有丰富的集体活动，必然死气沉沉、缺乏活力，这将有碍于班集体的健康发展。"因此，我尽量与孩子们一起组织丰富多彩的活动，如"我为班级添绿""我选我"等。同时，加强跟家委会的联系，让家长也参与其中，与老师、孩子一起策划，利用课外时间组织亲子活动，如清洁绿道、公园踏春等。在活动中培养孩子的集体观念、责任感和交往能力，通过创造良好的活动氛围使孩子有所收获。

叶圣陶先生就语文教学说过"教是为了不教"，就班级管理而言，管是为了不管。作为班主任，我们要创造机会让孩子们脱颖而出，培养孩子的自主能力，充分发挥孩子的潜能，让孩子真正成为班级管理的主人。

班级的目标管理

□ 卢 婷

美国著名的管理者彼得·德鲁克在20世纪50年代中期出版的《管理革命》一书中提出的目标管理思想同样适用于班级管理。目标管理有利于班级的进步，可以提高孩子的自主管理意识，也可以使得班主任在自己的职业上得到自我实现。

我在班级目标管理的具体做法分三个阶段：第一阶段设置班级每学年共同奋斗目标；第二阶段设置孩子个人目标；第三阶段是实现目标过程的管理——阶段性总结和调整。

班级每学年共同奋斗目标的设置

班级每学年共同奋斗目标是开展班级管理的关键环节，因为奋斗目标一经提出，就为全班孩子明确了奋斗方向，促使班集体德智体全面发展。制订班集体奋斗目标一定要切合班级实际，具体明确，发挥孩子在不同年龄段相应的导向功能。

班级目标的正式产生也为孩子们的个人目标提供了遵循和依据。

针对四年级孩子的年龄特征和具体情况，我班的孩子表现为寻求独立、显现叛逆、厌学、不爱被管、与父母交谈开始减少。

四年级上学期，通过召开主题班会、进行小组讨论，我从学习、亲子关系、健康与兴趣、情绪管理四个方面给孩子设置了"努力学习""孝顺父母""平稳情绪"和"健康与兴趣"的班级共同奋斗目标。

孩子个人目标的设置

针对班级学年共同奋斗目标和孩子的个人差异，引导每个孩子从学习、亲子关系、健康与兴趣、情绪管理四个方面思考和设置学年个人奋斗目标尤为重要。个人的奋斗目标要求清晰、具体，且符合个人实际。

举个例子，我给孩子们每个人一张目标设计卡片，每个人从四个方面写出对自己具体的奋斗要求。

在学习方面，语数外在大考中都得90分以上，阅读10本课外书；在亲子关系方面，每天帮爸爸妈妈做一次家务，每周给爷爷奶奶或外公外婆打一个问候电话；在平稳情绪方面，不因为他人的批评或者侵犯哭鼻子，这个学期交两个新朋友；在健康与兴趣方面，每星期打两次羽毛球，学一门乐器。

实现目标过程的管理

目标管理重视结果，强调自主、自治和自觉。但并不等于班主任可以放手不管，相反，由于形成了目标体系，一环失误就会牵动全局。因此，班主任在目标实施过程中的管理是不可缺少的。

如果目标没有完成，应分析原因、总结教训，并及时做出调整。孩子们把目标卡挂在班级墙上，起到了互相监督、老师评价与孩子自评相结合的作用。

班风的营造和对孩子的思想教育与班级共同奋斗的四大目标紧密结合，孩子在自评与他评中领悟到共同目标的意义，同时也不断地调整个人的奋斗目标。

成功学博士拿破仑·希尔说："一个确定的目标是所有成就的起点。"相信良好的班级目标管理有利于良好班风的营造，有利于孩子的个人发展，更有利于班主任实现班级的管理和自身职业素养的提高。

班主任如何化解班级矛盾

□卢 婷

老师们都希望自己的班级团结和睦，孩子们友好相处。可是，孩子之间的矛盾冲突随时会发生，有些事不大，可是处理起来会耗费老师很多精力；有些事矛盾尖锐，处理不当非但解决不了孩子的矛盾，老师自己也会卷入冲突。接下来我将就如何化解班级内部的矛盾，根据自己日常的班级管理经历、阅读的班级管理书籍和互联网查询的资源和大家做一个分享。

以人为本，循循善诱

（1）教会孩子与他人和谐相处的能力。

①引导孩子守规则，未经允许不能触碰他人的身体及物品。

②学会处理自己的情绪，宽容他人对自己的批评、指责，甚至无意伤害。

③教导孩子如何更好地表达自己。

（2）及时表达对受伤害的孩子的安慰。

有时候，孩子之间的小矛盾不需要花费大量的时间调查谁是谁非，孩子更需要的是老师的共情。孩子来找老师或许只是寻求安慰，不是调查真相，一句安慰的话语、一个轻抚的动作或许就能够平复孩子愤愤不平或委屈不安的内心。

（3）如果孩子确实犯错引发矛盾，可以让过错方体验后果，但要注意体验后果有别于接受惩罚。

巧妙设计班级文化

（1）设置"三省吾身墙"。

孩子激动时面对这堵墙反省自身，教育孩子通过问自己三个问题进行自我反省："我有什么地方做得不对？""如果我是他，我会怎么做？""他有什么优点值得我学习？"换位思考，发现对方的优点。这堵墙教孩子们平稳情绪，遇事避免冲动，保持头脑清晰的习惯。相关数据研究表明，在师生之间，书面方式的表达能够软化老师的权威形象，解除孩子的思想压力，孩子冷静过后在留言墙给老师留言可以让孩子更客观地进行表达，这样有利于建立起师生之间彼此信任的关系，从而达到更好的沟通效果；从老师的角度看，孩子写的过程也是一个澄清和反思的过程，再指导双方用互相道歉、拥抱的仪式在情感上化解矛盾，然后试着让双方互相发掘一下对方的优点，互相真诚地赞扬对方，之后尽量给他们创造机会互相帮助，以达到真正的和平共处。老师在阅读过后才能更好地做出判断，处理孩子之间的矛盾。

（2）每个孩子都有一本《成长日记》。

设置家校、师生、生生联系本，兼具表扬及提醒的功能，透明对话、多向沟通，在集体中得到教育。

实现自我管理

（1）"班级诊所"开"处方"。

我不会在第一时间处理孩子之间的矛盾，而是将出现的问题以文字的形式张贴到板报"班级诊所"一栏。孩子在课间以个人或小组的形式讨论"处方"，当事双方如果接受同学的建议，双方即握手言和。这样做不仅增强孩子的团队精神，而且培养孩子分析问题、解决问题的思辨能力。如果双方不接受建议，老师再介入。

（2）建立班级矛盾调解小组或设置矛盾调解班干部。

（3）教会孩子自己处理人际矛盾。

有一句古老的格言说："战胜自己是最不容易的胜利。"没有人能永远陪着孩子、保护孩子，他们必须通过事情的发生激发自己进行自我教育、自我提高，把自我变得强大，问题才能根本解决。将来的路是要孩子自己走的，这才是真正的教育、真正的爱。

① 分析问题，明辨是非。分析事情的来龙去脉，倾听当事人和第三方对事件的描述，通过启发法和小组讨论法教孩子正确明辨是非，并身体力行、公正处理，提高孩子分析和解决问题的能力。

② 拉开距离，减少摩擦。孩子今日吵、明日好的事多得很，特别是对经常欺负人的孩子，可以拉开距离，减少交往，做到自我保护。这样采取回避冷处理的方法也让有攻击性行为的孩子感觉到自己的行为伤害了别人，了解到自己变成了不受欢迎的人，让他们受到自己不正确行为该得的后果。

③ 发现优点，学会宽容。孩子时时计较于同学的缺点，纠结于同学的小摩擦中，整天看这个不顺眼、那个不舒服，每天心里都不开心。但是隔离仅减少了摩擦，产生不了友好融洽的关系。怎么办？让孩子主动地学习宽容他人、原谅他人，才能真正地融洽相处。引导孩子每天发现同学的两个优点，每天在晚饭时间和爸爸妈妈交流，把孩子关心的焦点聚集在他人的优点上，不要纠结于不足上。时间长了，发现他人的优点就会变成一种习惯，晚饭时间成了家里融洽开心的时刻，孩子慢慢会变得开朗、平和，同伴交往过程中也会得到更多的快乐。

④ 多交朋友，增加乐趣。交朋友可以增加孩子的自信，自信的孩子一般是不容易被欺负的。朋友是乐趣和信心的重要来源，有事时还可以给予支援。让孩子以友爱构建一个强大的防护网，是比单纯回击更积极的策略。

⑤ 鼓励倾诉，寻求外援。教会孩子在自己没办法解决问题的时候可以向老师、家长、同伴倾诉，疏导自己的情绪，让自己的心情得以平复，同时还可以得到及时的帮助。

发生一起矛盾冲突，处理办法有千万种，只要老师做到以爱为出发点，关注孩子的情绪表达，做到公平公正、就事论事，并进行正确的价值导向，就能够找到最适合的方法，轻松地处理好孩子之间的矛盾，建立和谐信任的师生关系、生生关系，真正实现教学相长！

小猴子也能变身小主人

□ 冷小庆

作为一个新手班主任，这两个月来每天只有三个字：忙、乱、急。孩子们每天跑到办公室跟我告状："××拿笔戳我""××把我的书扔到地上""××又把电脑桌面换了"……起初总是觉得如果不处理孩子们的"告状"，会让其他孩子认为这些"不友好"的行为是老师默许的，于是我都会噔噔噔跑上二楼处理这些小问题，甚至用小黑本记下来提醒自己，却发现错误行为不但没有减少，告状的孩子还变多了。为此我很是苦恼，直到有一天我遇见取取姐，她告诉我"把班级还给孩子"。

选举要有仪式感

权力带给孩子们荣誉感和成就感，把权力还给孩子，他们会带来意想不到的收获。利用班会课，我引导孩子们讨论了班干部职位的设置。针对"班级还需要哪些干部"和"你希望班干部怎么做"这两个问题，孩子们展开了热烈的讨论，为班级建设提出自己的看法。因为自己的发言班级多了一个干部，孩子们脸上写满了神气。在接下来的民主选举中，孩子们积极踊跃地参与班级的管理，被举荐的孩子脸上多了一分自信，而那些观点被采纳的孩子也露出了笑脸。

让班干部拥有权力

给每个班干部小贴纸和记录本，让班干部奖励表现好的同学小贴纸。同时，组内的大小事情遵循"组内解决，层层上报"的原则，组员出现不友好的行为，组内讨论得出解决方案，汇报给班长和班主任，解决不了的问题由全班一起协商。如此一来，"告状"的现象越来越少，孩子们自我管理和处理问题的能力也得到了锻炼。

让孩子赞美孩子

我和班干部不可能做到时刻关注每个孩子，陪伴的时间有限，由我和班干部来奖励孩子似乎会遗漏一些美好的瞬间。因此在每天放学之前，我会让孩子赞美孩子，孩子表扬了谁老师就奖励谁一个贴纸。这个小小的环节让孩子们更加留意身边美好的瞬间，孩子们变得更细心、更温柔了。

电脑壁纸时时换

前段时间，教室地面每天都是纸屑，每节语文课第一件事就是提醒孩子们捡垃圾，可是下一节课又恢复了旧模样，任凭我每天喊破喉咙也无济于事。然而，一次偶然事件给了我治理的灵感。淘气的孩子每节课都去更换电脑壁纸，五花八门的壁纸与求知进取的教室氛围格格不入。我正跟小蕾交流着这个烦恼，当局者迷，旁观者清，小蕾说："那就让他们换成你喜欢的图片。"原来，爱换壁纸和捡垃圾两件事可以结合起来，孩子们在"捡垃圾的小女孩"的壁纸的影响下开始关注教室的干净整洁。我又利用语文课手工制作口语交际这一主题，让孩子自己制作垃圾桶。现在越来越多的孩子给我介绍他们的垃圾桶，地面也干净了许多，而我只需要指一下壁纸孩子们就知道该收拾垃圾了。

作为班主任，难免会碰到一些"坚硬的石头"，如何把他们雕刻成能绽放异彩的玉，需要"匠师们"精心雕琢。孩子有无限可能，当我们用细心、恒心、耐心去雕琢，那些看似坚硬的石头也会蹦出个齐天大圣。

多对孩子说"你很棒""谢谢"和"对不起"

□ 刘新新

众所周知，想要成为一名好的班主任，前提是一定要和孩子们建立良好的人际关系。面对一年级这群可爱又纯真的孩子们，我选择用两种方式努力和他们建立好关系。

表　扬

每个人在成长的过程中都需要鲜花和掌声，需要支持和鼓励陪伴自己一路前行，尤其是正处于成长阶段的孩子。

刚接触这些孩子的时候，我并没有意识到他们有多在意我的一句表扬。直到有一天，我没用平时的加分奖励机制，而是以口头表扬的方式，我对孩子们说："今天数学课上被我点名表扬的孩子们，请你们回到家时帮我带一句话给你们的爸爸妈妈，就说'刘老师今天表扬了我，我在数学课上表现很棒'！因为刘老师不能一一发信息给他们，所以你们一定要帮忙带到哦。"整节课下来，孩子们的状态很好，原来他们一直在期待我的表扬。到了下午放学，一个孩子举着电话手表问我可不可以亲自告诉他爸爸这件事情，稍晚一点又有一位家长发信息给我："孩子回到家说数学课上被表扬了，非常开心！"这一刻，我才意识到一句表扬对孩子们来说有多重要，尤其是一年级的孩子。

我们每个人都需要表扬，但表扬要适度，更要热情中肯。热情中肯的表扬实际上是一种投入小、收益大的感情投资，是一种驱使人奋发向上、锐意进取的动力源泉。如果老师和家长们能一直给予孩子正面的感受，他就会朝着良好的方向发展。

尊　重

孩子们虽小，但只有尊重了他们，他们才会心甘情愿的尊重对方。新时代的师生关系是完全平等的，作为老师应该用自己的真诚赢得孩子的信任，师生之间互相尊重才能建立良好的师生关系。

我总是习惯和孩子们说"谢谢"和"对不起"，因为没有哪一个孩子要理所应当地帮老师做任何事情。老师不在的时候帮忙组织纪律；每天帮忙收、发作业；下课主动跑过来帮老师收拾东西；帮忙捡起垃圾篓旁边的垃圾……看似很平常的小事，但都是孩子在帮老师，抑或是说在帮我们这个班集体，我们不应该对他们说一声"谢谢"吗？

我有时也会因为没忍住对孩子们发了脾气而内疚，那么第二天我会和孩子们这样说："老师回去之后反思了一下，我想我要和你们说一声对不起，我昨天不应该那么冲动地批评你们。同时，你们是不是也应该好好地反思一下自己昨天的行为呢？"接下来可想而知。我相信，一场心平气和的感情交流远比一次正颜厉色的批评让人舒服得多。孩子不厌其烦地和老师热情地打着招呼，老师却因为其他原因忽略了他的时候，请对他说声"对不起"，因为这样才是尊重他。

作为一名班主任，一定不要吝啬对孩子们的每一次表扬，并尊重他们，这样才能收获孩子们的尊重与信任。

班级管理中的留白与写意

□ 王 琪

留白是中国艺术作品创作中常用的手法，指为使整个画面更协调精美而有意留下空白，留出想象的空间；写意是国画的一种画法，用笔不苛求工细，注重神态的表现和抒发作者的意趣。班级管理中也有留白与写意，给孩子们充分的空间，用形式简单的活动达到多方面的教育效果。

留白：自由和谐

小王子是个智商超群的孩子，因为上课的内容对他来说太简单，所以他总是坐立不安、左顾右盼，并弄点幺蛾子，大大影响了课堂纪律。刚开始，我尝试用课堂行为规范要求他，却发现压制越严反弹越大，甚至上着上着课就偷偷爬去外面看书。后来在和家长沟通后，我采取了放养的方式。在我的课上，只要他能掌握课堂内容又不影响其他同学，就随他看书。现在我们班语文课堂上就是这样的景象：一群孩子在上课，有个孩子抱着一本《古文观止》看得津津有味，时不时抬起头来回答一下问题。课后，我经常可以收到他的作品，有时是一首小诗，有时是几个仿写的古字，有时是洋洋洒洒千把字的作文。他满心自豪地让我欣赏，我也在这些创作中发现许多惊喜。

去年中秋节的前一天，有两个小姑娘跟我说："王老师，我们要给你一个惊喜。"那天的课间他们十几个孩子在楼梯和走廊偷偷地排练，我一过去看就马上散开，孩子们大叫着"不许看不许看"，让人哭笑不得，我干脆静观其变。活动当天，我开了个头就把舞台交给两个小主持人。她们拿着稿子有模有样地主持，串起舞蹈、葫芦丝演奏、跆拳道等不同节目。虽然有吃瓜群众走来走去影响了表演，但是总体效果还不错。后来我听一位妈妈说，两个小姑娘有了想法后，根据班里同学的特长拟了几个节目，一个个给他们打电话，约好第二天排练，并自己写了主持稿组织彩排。一群刚上三年级的孩子能来这么一出，还是挺让人佩服的。

当班里有事需要决定的时候，一般我会先咨询他们的意见，用举手表决得出结果，我最常说的话就是"你觉得呢""自己想办法解决"。这种对话方式一定程度上培养了他们独立思考、自主完成力所能及的事情的能力，但也带来一定的烦恼。他们每时每刻都想要跟我分享小脑瓜里的奇思妙想，最后不得不约法三章来建立更为科学合理的沟通模式。

每个孩子都是独一无二的，像一棵树上的叶子，看似相同，其实片片不同。先天条件、成长环境和家庭教育的不同，导致个性不同、爱好不同。这些孩子生活在一个大集体里面，千差万别，百花齐放，一个教育经验再好都不可能适用于每一个孩子。作为老师，我们要尊重不同孩子的成长规律，接纳和理解独特的个性行为，同时创设良好的环境和条件，让孩子们在体验中发展兴趣、发挥所长。

写意：形简意丰

这班孩子是我教的第一届，怎么教？我一开始全无概念。从接手第一天起，我一直在摸索。因为缺乏经验，只能凭直觉，所以我觉得有意义的事情都会尽量试一试。所以，我和孩子们一起做过不少"浪漫"的事。

我们一起种过牵牛花。一年级下学期学到《手捧空花盆的孩子》，我买来牵牛花种子，还发给每个孩子当礼物，让他们自己回家种。有一部分孩子不知丢哪儿去了，也有一部分孩子种出了花朵。看着小牵牛花一点点长大，他们心里爱的种子也在一点点发芽。后来学到《一株紫丁香》，大意是种下紫丁香陪伴老师。我想起之前的牵牛花，就说："我送你们牵牛花，也是希望它能每天和你们做伴。"那个瞬间，好几个孩子看着我会心一笑，目光柔和而温暖。

我们一起在走廊看过雨。那时刚学过《雷雨》，深圳刚好进入了说变脸就变脸的雨季。上午还隐约有阳光，下午就黑云压顶。我正上着课，外面开始狂风大作，天空突然黑了脸，仿佛夜幕降临。大雨即将来袭，孩子们兴奋不已。

雨来了，豆大的雨点打在窗台，细细的雨丝飘入班里。有飞奔着去关窗的，有跑去门口伸手接雨水的，有倚在桌子上托着腮抬头看天的……"我们出去吧！"我提议。"啥？""我们去外面看雨吧！""耶——"呼声刚落，一大半的人已经来到走廊上。我们就那样抬头看雨、低头看水、伸手接雨、伸脚踩水，玩了大概五六分钟，一个个带着一头的水珠回到教室。零距离与大自然接触，我看到孩子们脸上心满意足的表情。这个时候抓紧时间复习了跟雷雨有关的词语，一个比一个能说，为师很是欣慰。

我们一起看过风暴瓶里的结晶如何反映天气的变化，我们一起养过蚕宝宝，我们一起读《动物寓言》，我们一起静静地听过音乐……这些事情看似无用，但是都或多或少在他们的心里留下诗意的印记，让他们用更多维的角度观察世界，用更丰富的内心感受生活。

班级管理需纪律、重细节，但也有留白与写意。留出空间让孩子们自由发挥，平等地陪伴他们体验与经历，有时比"传道授业解惑"更接近教育的本真。

班级管理篇

孩子是最好的老师

□王琪

面对孩子，作为老师和父母，我们经常评价他们，看哪里做得好、哪里做得不好，想想是否还需要纠正和教育。有人把老师比作园丁，这种情不自禁想要"修修剪剪"的心态或许是其中的一方面。但我们是否想过，孩子面对我们，他们是什么样的心态？如果换个角度，顺应孩子的天性，从孩子的身上学习如何与他们相处，"园丁"的幸福感说不定会更强。

天生的智慧

"老师遇到一个难题了，"教室里我正认真地向孩子们"求助"，"今天中午放学好晒，可是整队的时候我们班好几个同学都没有听到我的口令，队伍一直不整齐，我们就一直在烈日下晒着，好热、好难受。你们说怎么办？"孩子们七嘴八舌地提意见："让他们出列。""让小队长提醒他们。""我们一起再来一遍。"那几个走神没听到口令的一开始红着脸坐着不动，到后面也跟着一起出主意。下午放学整队的时候，我一声令下，队伍整整齐齐，我的"难题"解决了。

孩子们有一种天生的智慧处理自己的行为。作为大人，我们跟他们一起发现这些方式，陪伴他们完成要比惩罚来得更有效。

纯粹的善意

中午放学，我站在前门口喊排队。就在我身边，很多人进出前门。小轩急着往外排队，不小心滑了一下，小远正往里走要拿东西，所以小轩结结实实地撞到小远的怀里。小轩马上起身说对不起，小远很开心地跟我说："老师，还好我接住他了，不然他就摔倒了。"

孩子之间就是这样，从他们的视角来看，不是"他挡住我"而是"对不起"，不是"他撞我"而是"还好接住了"，更多的是善意和包容。孩子的很多行为老师不要急着做判断，而是听听他们的想法，可能最终受教的是老师。

所以说，园丁不是照着统一样式修剪花草，而是了解每一种花草的特性，让他们充分把握成长的主动权。在引导和陪伴成长的过程中我们会发现，孩子才是最好的老师。

成为一名美的出品人

□ 谢 霞

法国著名雕塑家奥古斯特·罗丹曾说:"世界上并不缺少美,而是缺少发现美的眼睛。"同样地,对待工作与生活,我们也需要一双善于发现美的眼睛,一双能从平凡中发现不平凡之美的眼睛。我坚信,眼见美则心生美。在班级管理工作中,难免会发生一些磕绊,但我发现只要换一个角度看待,换一种心态面对,我们收获的就是美好与快乐。

一年多以来,我一直坚持做三件事,也一直受益于这三件事,即发现美、分享美、记录美。

发 现 美

什么是美?对于我来说,当发现孩子们有了点滴的进步就是美,如书写更工整美观了、坐姿端正了、上课能主动举手了、能自觉组织早午读等,是关于孩子变化的美。

在一次批改作业中,我惊喜地发现有几个孩子竟然在作业本上与我开启了对话模式。我在作业本上评阅"书写可否更美观",有的孩子回复"可以",也有的回复"请给我时间"。结果证明,他们确实都做到了,书写真的有了很大的改善。又如,看到同学值日后卫生仍不理想,有几个孩子自发组成监督小队,并与我请愿定期留下共同值日,监督班级卫生。

看,这些就是美,是孩子进步衍生出来的美!

分享美

美好的事物总是愿意与他人分享，美美与共，收获更美。所以，当发现孩子们带给我如此多的美好时，我真的不愿独享，于是开启了"分享"模式。

秉着"不浪费任何一刻美好"原则的我，充分利用微信群或QQ群及时分享孩子在学校的动态，如课堂上的精彩演说、课下的趣味抽奖活动；分享孩子在家的进步表现，如主动帮忙做家务、自觉做功课等。每每有新发现，我都会第一时间进行分享，及时点赞，树立孩子们的自信心。

一次周末，小Q妈妈给我发来一组图，我点开一看，发现从不主动做数学练习的小Q竟端坐在书房，安静地做起了数学题。据小Q妈妈说，孩子是自己偷偷调了闹钟早起的，所以她特别感慨："以前不管我们怎么哄啊、逼啊，孩子都不肯做练习，今天竟能如此自觉，真的很难得。"之后，我在班里大力表扬小Q这一做法，让小Q分享自己的学习心得，小Q同学可高兴了！自那以后，小Q的自觉性渐渐提高，学习兴致也越发高了起来。

当然，若发现问题或不足，我也会及时反馈给家长，并与孩子们共同反思，商讨整改策略。

记录美

记忆常常被淡忘，随风逝去。那么，如何留住每一瞬的难得，记录每一刻的美好呢？

我的做法很简单，就是建立个人微信公众平台，设置专栏，专门用于记录班级有趣的瞬间。其中，记录班级趣味动态的文章有《四（3）班鬼畜班主任的千年老梗：不知当讲不当讲》《四（3）班师生共谱春曲：春天来了，我们诗兴大发》《五（3）班的日常：记一次辩论赛（老师说这就像是两队孩子在吵嘴）》等，精彩作文的分享文章有《五（3）班作文分享篇：故乡，我们永恒的图腾》《一夜乡思泪：自古逢秋悲寂寥之深悟张籍的〈秋思〉有感》《源自坚强小姑娘的特约放送：再见亦如初见的地方——我的家乡》等，记录多种形式学习活动的文章有《感谢四（3）班孩子们的倾情配合：谨以此文送给伟大的母亲》《不小心读出了声音：在天晴的时候，我们一起到小径中走走》《谨以此文送给四（3）班的孩子们：快乐军训，纯是影集》等，当然也包括自己的个人随笔分享，如《诗情画意，别样的释怀方式》《从开始到现在：给我时间，我们一点一点在改变》《夏去秋来：被现实砍去的梦会重生》等。这些对我来说都是最精彩动人的瞬间，是最美好的回忆。我珍惜着与孩子们在一起的每时每刻，如果让这些美好的回忆随风逝去，那真是"暴殄天物"啊！

在班级管理工作中，我一直都在做美的出品人，而我的孩子们就是美的源泉。有人曾说过，赞美是一种气度、一种发现、一种理解、一种智慧、一种境界。所以，千万不要吝惜你的赞美，让我们一起做美的发现者、美的分享者、美的记录者，成为美的出品人吧！

责任教育，从值日做起

□ 徐亦昕

刚接手新班时，对以前的班规还不太熟悉，为了能更快地融入这个班集体，我曾多次和以前的班主任王琪老师交流，她告诉我班级劳动分工要明确、具体。当我看到管理栏中的劳动分工表时，就明白了她的意思。

首先将孩子们分成五个劳动值日小组，每个小组设置一个组长，再一一罗列出劳动事项，如扫地、拖地、对齐桌子等。由于教室内不同区域的清洁难度不一样，孩子们参加校内社团、校外兴趣班的时间也不同，若是班主任自主制订分工表，一定很难满足全部孩子的需求。因此，王琪老师之前的做法是让孩子们自己选择在周几做什么清洁工作，我觉得这个做法很棒，决定沿用。

渐渐地，我发现了一些问题，最直接的体现就是大队部"送"的扣分单。一、二年级时家长陪同值日，到了三年级家长放手让孩子们自主值日。按理说一年的时间足够让他们熟悉清洁流程与大队部的扣分点，可只要我四点半之后去开会，回来就会看到办公桌上的扣分单，不是"窗台有灰"就是"桌子没齐"。

于是第二天一早我就会去"审"前一天的值日组长，要求他说出被扣分的原因，结果往往是因为检查员来的时候清洁还没做完。但是检查员第一次检查是五点整，第二次检查是五点十分，十个孩子在四十分钟内做不完教室的清洁工作，这个理由我无法接受，于是决定深究下去。

在一节班会课上，我让孩子们围绕劳动效率低下的原因畅所欲言，我只做本次班会的记录者与整理者。经过整理，大致有以下几点原因：

"有些同学干活不认真，一边玩耍一边干活，拖小组后腿，认真的同学看不惯他们，时间在争吵中流失。"

"经常有组员早退。早退的原因一般有两种：第一，参加校队训练的同学会因为即将参加比赛而都没时间值日；第二，请病假或事假的同学恰逢值日，却没有提前告知班主任换人，导致临时缺人。"

"经常有同学在教室内逗留，妨碍清洁工作展开。有些同学是因为没登记完作业，有些同学是因为家长很晚来接就在教室里写作业。"

"经常有同学忘记把凳子搬到桌子上，不负责扫地的同学也许体会不到一边扫地一边搬凳子有多么辛苦。我们的凳子很重，如果每个人都记得把自己的凳子搬上去，那么大家都不累。"

孩子们讨论得热火朝天，我也没有停下手中的笔。问题总结得差不多时，我便开始引导孩子们思考对策，最终得出了以下结论：

细化分工，落实责任

让每个组员负责的区域更加具体，大家重新递交意愿小纸条，如"我是小明，我想在周二擦黑板、摆图书或拖地"。收集完毕后，由我来制作出一张新的分工表。

细化分工表

擦黑板、擦开关	擦窗户、扎窗帘	摆图书、擦书柜	对齐桌子
1人	1人	1人	组员
扫地		拖地	
1、2大组1人； 3、4大组1人； 教室前后及倒垃圾1人		1、2大组1人； 3、4大组1人； 教室前后及提水桶1人	
关投影、清讲台、收工具、关灯、关风扇			
组长			

组员在确保自身任务不被扣分的情况下，需要帮助其他组员，以便尽快结束值日。5点前结束值日，且当天没有收到扣分单，那么第二天所有组员均有一个纪律贴纸（纪律贴纸会出现在早操、爱眼体操、校园舞等活动中，可用来兑换礼物与评选"纪律之星"），组长两个；若收到了扣分单，那么扣分项对应

的组员就要在第二天帮助同项目的同学完成后方可离校。

事假、病假，请人值日

当有孩子找我请假时，我会先问他有没有值日安排。如果正好轮到值日，那么必须请他的朋友帮忙值日，否则接下来一周他都没有机会获得纪律贴纸。

非值日小组成员不得逗留

四点半之后，黑板上不再保留三科作业，我希望孩子们可以养成课间及时登记作业的习惯。同时，等待家长的孩子必须离开教室，在教辅老师指定的位置坐下来休息或看课外书。

让孩子在劳动中反思

值日小组长负责记录没有搬凳子的同学，第二天全班的凳子都归这几个孩子搬。只有了解这种辛苦，才能换位思考，养成自觉搬凳子的好习惯。

起初，我一直在教室里督促他们按照分工表来值日。当五个小组循环完毕，我就开始慢慢放手了。一段时间之后，值日完成的平均时间约是五点零五分，我接到的扣分单越来越少，组员之间的抱怨也越来越少，有些小组还获得了纪律贴纸。

劳动安排分工明确、有序完成、反复强化，从值日这件小事出发，培养孩子们的责任意识。如此，班级才能成为整洁的大家庭。

小水滴，大成长

□ 叶楚欣

（1）班53个孩子组成了一个大家庭，我希望他们团结努力、一起成长、共同进步，所以我把中队的名字取为"小水滴中队"，寓意着53个孩子彼此不可分离，拧成一股力量，就像53颗小水滴汇聚成河，奔腾入海！

孩子的成长就像小水滴流入大海一样，要经历种种磨难和挑战，所以我给每个孩子制订了"小水滴成长记"。从小水滴到小溪流，从大江河到汪洋大海，每一次进步我都会给孩子做标记，让他们能看到自己的进步。

孩子们每天做到"爱学习、讲团结、爱干净、讲礼仪"的要求，就能获得小红花。孩子们得到鼓励，就会更加积极进取，把别人对自己的要求逐渐化为自己对自己的内在要求，慢慢地养成良好的行为习惯。

为了让孩子们深切地感受到"小水滴"的氛围，我把小组的名字用与海洋相关动物或物品来命名，以此激发他们比赛的兴趣。就这样，课堂上多了一只只积极进取的"小鲸鱼""小海龟""小海豚""小帆船"。他们齐心协力，力争成为最佳小组。

除了小组合作之外，我们还有师徒合作。无论是认字还是作业辅导，同桌之间都会互相监督，学优生辅助学困生，获得共赢。一滴水无法改变整条河流的方向，但是一滴水可以带动另外一滴水，慢慢地改变整条河流的方向。

如果说班级中队是班级的隐性文化，那么班级的显性文化是什么呢？我觉得是要做到"四化"，即净化、绿化、美化、合理化。净化就是教室要时刻保持干净，每次放学都要做到"人走凳归位"，从小养成好习惯；绿化则是让教室像大自然一样有花有草，图书角摆上绿萝，孩子们看书看累了可以让眼睛休息一下；美化则是让教室给孩子以美的享受，每次板报都有不同的色彩和形状，充分发挥孩子的想象力和艺术细胞；合理化就是老师和孩子一起制订合理的班级公约，一起遵守，维护班级秩序。

除了管理孩子之外，和家长的沟通是另一条重要的管理渠道。在家长群里，我和家长一直奉行两个原则，即说正能量的话、做正能量的事。家长有问题都会私下和我沟通，彼此有矛盾都会互相包容，努力解决问题，做义工也非常积极。和这样的家长合作，真是我的荣幸。

班级有显性文化和隐性文化，显性文化是孩子的习惯表现，是浓墨重彩；隐性文化是孩子的内在追求，是潜移默化。二者缺一不可。长此以往，孩子一定会有所浸染，逐步成长。

守护天性，让孩子破茧成蝶

□ 叶小美

每个孩子的心里都藏着一个更好的自己，就好像每个毛毛虫身体里都藏着一只蝴蝶。"破茧成蝶"是我们小书虫班的班级愿景，也是我对每个孩子许下的愿望。2015年9月1日，当孩子进入班级的第一天，我跟他们讲了一个毛毛虫变蝴蝶的故事："毛毛虫因为每天吃着各种美味的食物，最终变成了美丽的蝴蝶，而你们就像毛毛虫，来到灵芝小学，来到一（5）班，就是要寻找美味的精神食粮，渐渐长大。"

从此，《毛毛虫变蝴蝶》的故事开启了每个黎明——

在一个金秋时节

一只只毛毛虫诞生在灵芝小学

它爱上了学校

学校对它说

这是你的家

留下吧

于是

它有了一个名字

叫

书虫

在一个温暖的早晨

一只只蝴蝶飞来

书虫对蝴蝶说

你的翅膀真漂亮

蝴蝶微笑着扑扑双翼

于是

它有了一个美丽的梦

叫

蝴蝶

小书虫爬啊爬

家园里转啊转

它用智慧作俑

它用善良作茧

终于

有一天

它穿越黑暗的边界

破茧成蝶

飞向蓝天

告诉全世界

我是一只美丽的小蝴蝶

……

这是我写给全班52名小书虫们的班诗，希望他们的童年充满浪漫和憧憬。根据加德纳的多元智能理论，我们相信每一个孩子都是独一无二的艺术品，都会破茧成蝶，我们不必为孩子没有尽早破茧而出感到苦恼、焦虑，因为每个孩子的天性各不相同，羽化的早晚也不一样。悄悄地，小书虫们怀抱着一个蝴蝶梦，默默地努力着，告诉自己：等待，只为更好地飞翔！

小小的蝶蛹，包裹的是梦想

每个孩子都有自己的蝴蝶梦，被蛹包裹的虫儿在蛹中奋力挣扎，一切都为了那个美丽的梦想——从毛毛虫变成美丽自由的蝴蝶。因此，总有些孩子等待破茧的路是艰辛的。换言之，有时候孩子身上的天赋要等到接触到某种场景或某个人之后才能体现出来。

恺是一个性格特别内向的男孩，从不与人交流，老师请他答问，他也很不自然，回答声音很轻。一次我在路上遇到了他，他看到我没有说话，只是加快了脚步与我擦肩而过。对于这样的情况，家长也曾表示很失望，显得无可奈何。一次，学校羽毛球队刚好选拔校队队员，家长反映恺喜爱打羽毛球。经过推荐和考核，我们惊奇地发现了恺的羽毛球才能，与其他同龄孩子相比遥遥领先，最终也成功被羽毛球教练选入校羽毛球队。

恺正在努力地改变。一天下午放学前，他第一次主动跟我说话："老师，我要去打羽毛球了。"听了他的话，我呆呆地站在那儿，眼里闪烁着泪花。我明白，他的心门敞开了一点缝隙。之后，我总会看见他欢快的背影。只要他走过的地方，似乎都充满快乐的味道。这件事后，我决定不把目光消极地聚焦在他出现的问题上，而是把目光积极地定位在他身上的闪光点，利用其优势同他聊相关的知识，甚至跟他一起打羽毛球。渐渐地，恺的笑容多了，能和同学互动交流了，回答问题的声音也响亮了。很显然，恺不是天生的语言、人际关系不行，只是以前的家庭教育和地域条件压抑了他的智能表现和智能发展。他的改变使我感觉虫儿未眠，我有幸目睹这只善良的毛毛虫在蛹中奋力挣扎，即将迎接黑暗之外的温暖阳光。

带有裂缝的蛹，承载的是希望

每一只蝴蝶都有自己的故事。从丑陋的毛毛虫结成蛹，再羽化成蝶，要经历一番痛彻心扉的挣扎，当挫折被虫儿一点征服时，便会看到希望。然而，这个时候的磨炼才是最痛苦的，是实现美丽的蝴蝶梦应付出的代价。

陈是我班一名插班生，从入学到现在一直是让父母头疼的孩子。九岁的他说话还不是很通畅，喜欢捣蛋，多动又举止缓慢，写字能力极其薄弱。由于力气大、个子高，一旦闯祸，被欺负的孩子必定是哭声一片。就这样，对他的教育我始终"常抓不懈"，可他却没有多大好转，倒是耗费我不少精力。但我一直坚信，每个孩子都有自己的智能优势，都有一颗向上、向善的心，他们一旦得到尊重便会充满自信，一旦被关怀、接纳，温馨的感觉会促使他激发自身的潜能。

为了帮助这个特殊的孩子，我开始阅读大量教育书籍，慢慢学习着宽容，学习着理解。我理解他不是故意在班级捣乱，有时是自身对事情的理解错误，有时是管不住自己。他很喜欢看书，尤爱科技类的书籍。有一天上课的内容是关于太空的趣事，借着这样的机会，陈在我的鼓励下自信地站在讲台上跟大家分享科技的奥秘，虽然说话仍不流畅，但他清晰的逻辑能力、惊人的表现力以及丰富的科普知识和物理化学知识储备量都让我十分震惊。

　　我从家长那里了解到，原来陈从四五岁就很喜欢看科普类书籍，总纠缠着父亲问一连串问题，尽管当时连话都说不好，但他却幸福地沉浸其中。从这件事可以知道，他从小就喜欢思考，喜欢刨根问底寻找事物的规律，而这正是多元智能理论中的逻辑数理智能的表现，说明他在这方面的智能比较强。学校科学课的魏老师也反映，他早已发现陈在这方面有异于常人，并表达了对孩子进一步栽培的愿望。爱因斯坦能成为伟大的物理学家，从他的成长经历来看，就是因为他从小就做了一些有益于强化优势智能的事情，而他的弱势智能也并没有成为成功的阻碍。之后，家校携手达成了关于陈的教育共识：与其想方设法让弱势智能变强，不如顺其自然地发展其优势智能，让优势智能反过来带动弱势智能的改善。

　　陈的故事还在继续，除此之外还有很多故事正在不断地上演……我不知道这些尝试是否正确，但我享受于静静地触摸这些蝶蛹心灵中闪光的东西，像荷波般柔细地抚摸，轻轻地点燃他们的光芒，帮助他们冲破黑暗，离梦想更近一步。

　　时间在流逝，52只小书虫在学校的海洋里慢慢爬行、慢慢成长。在与孩子们一起成长的日子里，我深切地感悟到一个孩子就是一只毛毛虫，每一只毛毛虫都会羽化成一只美丽的蝴蝶。如果可以，我愿意陪他们走得更远一些，用智慧来培育，用热情来感染，用爱心来守护，看着他们结茧，鼓励他们结出最坚实的蛹，然后静静地等待着这群虫儿们"破茧成蝶"，轻轻地聆听着这群美丽的蝴蝶扑扑双翼的声音，欣赏着这群耀眼的蝴蝶翩飞于灿烂的蓝天下，沐浴着灵芝园里温暖的阳光。

彩虹的约定

□ 邹彩艳

——王小玲名班主任工作室实践探研案例集

一路向暖

低年级的孩子总喜欢"告状"："老师，××撞到我了！""老师，××刚才又画黑板了！"每到下课就有许多孩子涌过来"告状"，这种"不友好"让我颇为头疼。直到一天，我看到贴在黑板上的彩虹。

彩虹有七种颜色，在我们班里，每一种颜色代表了一个美好的品质：红色代表友爱、橙色代表友善、黄色代表丰收、绿色代表成长、青色代表倾听、蓝色代表宽广、紫色代表理解。希望孩子们在学校里遇到问题的时候能够以此作为解决问题的原则，而不是马上去找老师"告状"。

有个孩子叫小成，总是一个人玩。我问他："你怎么不和其他小朋友一起玩呢？"小成无所谓地说："我喜欢自己玩。"我担心地想："会不会是班里的小朋友不愿意和小成一起玩呢？"但是在接下来的体育课上，我的担心被打消了。那时孩子们在跳绳，小成跳得特别好，所有的女孩都在为他加油。等回到教室，我笑着对小成说："刚才我听到许多人在为你加油哦。"只见他嘴角虽带着得意还装作无所谓的样子，特别可爱。那些美好的品质孩子们本身就拥有许多，我们要做的是发现孩子的美好，放大再放大。

希望在小学生活中有这些美好的品质伴着孩子们，在遇到问题时能够拥有一盏亮灯，提供解决问题的办法，并在这个过程中学会更多的爱、友善、倾听，体会更多的美好。这成为我与孩子们小小的约定，希望未来能看到更优秀与美好的孩子们。

我在晨曦花园"种阳光"

□ 郑梦曦

清晨，第一缕阳光照进晨曦花园（中队名），班级文化墙上的"能量卡"便会熠熠生辉。"我是小淳，我要为小涵喝彩，因为他常常帮我们修东西。""我是小贻，我要为小意喝彩，因为她每天帮老师们管理班级。""能量卡"上写的一句句喝彩、一声声感谢，都是孩子之间相亲相爱、其乐融融的印证，让晨曦花园充满阳光，暖意徜徉。这样温暖美好的氛围是我以前不敢想象的，班级氛围的改变要从我在晨曦花园"种阳光"开始说起。

"种阳光"的构想

晨曦，顾名思义是清晨的阳光，时而朦胧恬淡，时而捉摸不透，需要慢慢集聚能量，才会发光、发亮。恰巧，我们的中队就叫晨曦花园。我想，如果能在"花园"里"种阳光"，"小晨曦"不就有源源不断的能量了吗？有了这样的构想，我又开始思考，应该怎么付诸现实呢？

美国著名儿童心理学家鲁道夫·德雷克斯曾说："孩子们需要鼓励，就像植物需要水。鼓励对于孩子们的健康成长和发展是至关重要的。"是啊，我可以把鼓励当作阳光，把表扬当作阳光，把班级每一次、发生的好人好事当作阳光，那么"种阳光"就可以给孩子们传递越来越多的正能量！基于以上思考，我制作出富有童趣的"阳光收集站"和"阳光加油站"，当作是种植阳光的沃土，也是活动的载体，同时制订好相应的活动规则。一方面我迫不及待地等待第二天的到来；另一方面心里又有点忐忑，不知道孩子们是否会喜欢。

收集阳光，互相欣赏

"阳光收集站"是一个可以投递卡片的箱子，当孩子们发现有人做好人好事，便在"能量卡"上写清楚"我是谁，我要为谁喝彩，因为……"，然后投递到"阳光收集站"里，做好事的孩子和发现好人好事的孩子都可以在"阳光加油站"里加分。每天早午读，根据"晨曦加油站"孩子的表现选择"抽奖人"，孩子们玩得不亦乐乎！当我拿出小箱子，甚至有的孩子雀跃欢呼起来。宣读"能量卡"时，教室里静悄悄地，孩子们都希望"抽奖人"能读到自己的名字。

有一天，小熙的名字被念到4次，喝彩的原因如出一辙："因为她每天中午都会留下来，为我们摆整齐桌椅。"在孩子们的惊叹声中，小熙脸上露出害羞又自豪的笑容。"看来，经常为班级做贡献的孩子是大家最喜欢和敬佩的人！"我适时引导孩子们为班级多出力，"那么，这周有谁想当桌椅管理员和卫生委员？"全班有一半的小手举得高高的，我笑得合不拢嘴。

"阳光收集站"宣扬的是一种班级精神——善良、正直、积极、有爱。收集阳光的活动开展后，班上打小报告的人渐渐少了，孩子们学会相互欣赏，班级凝聚力也有一定程度的提高。

储备阳光，收集能量

如果说"阳光收集站"是收集阳光的地方，那么"阳光加油站"就是储蓄阳光的宝藏，设计灵感来自于王小玲老师的"点点旅历记"。

"阳光加油站"设置在黑板的一角，上面有四个等级。一开始，所有孩子的名字都在"小星星"等级，巧妙的地方在于孩子的名字卡是可以活动的，当某个孩子得到同学的鼓励、老师的表扬或做了好人好事，积分就开始增加。我主张孩子们为自己加分，自主管理积分。我选择信任孩子，把更多的权力和自由还给他们。

当"小星星"积累满10分就可以升级为"小月亮"，当"小月亮"积累满20分就可以升级为"小太阳"，最高级是"晨曦好孩子"。每周一的早读将在教室举行"颁奖典礼"，邀请"晨曦好孩子"的家长担任颁奖嘉宾，为孩子们颁发定制的金牌。同时，家长们也会给自己的孩子准备一份特殊礼物，并给其他孩子带来一份小礼物。拿到礼物的孩子会开心好久好久，其他孩子也特别受鼓舞，一种积极向上的氛围在班级传播着。

收获阳光，未来可期

曾经，我寸步都不能离开这群孩子，有时恨不得给每个调皮捣蛋的孩子装上监控器，生怕他们下一秒就会捅娄子。而如今，我外出学习三天回来向班长了解班级情况，班长说："您不在的时候大家都很乖，行为习惯都比以前进步了。"班长的回答使我大吃一惊，我想应该是收获阳光的时节要来了。

正面管教理论认为："在一种积极的气氛中开展班级活动，对每个人的归属感和自我价值观都是一种真正的提升。"我想，通过收集阳光、储蓄阳光的"种阳光"活动，能在班级传播积极的能量，培养正直善良的君子，成为晨曦中队真正的小主人。

"种瓜得瓜，种豆得豆，种一缕阳光，班级好温暖。"希望我播种的阳光可以永远温暖孩子们的心。

不要随便给孩子贴"标签"

□ 张文宇

孩子们在日常生活中会有意或者无意地受到周围人的暗示，年龄越小的孩子越依从于成人的评价。一旦被贴上"标签"，就会按照"标签"所暗示的行为模式去做。

善意的"标签"能鼓励孩子进步，但负面的"标签"会阻碍孩子的成长。一些个性特点比较明显又调皮好动的孩子往往容易被贴上负面的"标签"，但他们同样期望获得老师的关注和喜爱。遗憾的是，当孩子被贴上负面的"标签"，他人也以"问题眼光"看待这些孩子，使得他们经常受到同学们的排斥和孤立。这些"问题儿童"中有多少是真"问题儿童"？又有多少是被"问题儿童"呢？

有一个孩子，在担任班主任之前我就听到有孩子说他是个"调皮鬼"，喜欢在课间追赶打闹、爬高摸低。经过一段时间的观察，其实他并没有孩子们所说的那么调皮，也有安静的时候。有一次我去教室找孩子们聊天，发现他安静地在座位上看书，于是我及时表扬他是个安静的美男子。在这之后，我只要发现他在课间看书或者能够安静地活动就会表扬他，慢慢地，课间少了他追闹的身影。

还有一个不爱讲话的孩子，通过与之前的班主任沟通了解到，这个孩子语言表达发育比较缓慢。经过长时间接触和细心观察，我发现这个孩子虽然语言表达能力不行，但计算能力还是能够跟上大家的步伐的，上课做笔记时特别认真。于是，课间有空的时候我都会把他叫到办公室，一点一点地教他计算技巧。虽然学得慢，但是只要耐心点，他还是能学会的。

作为班主任，应该正确看待孩子，树立科学的学生观，正确地引导，坚信每个孩子都可以积极健康地成长。

如何指导孩子做好课前准备

□ 王小玲名班主任工作室

清晨的一缕阳光穿过树梢，温柔地照着大地，老师们在优美的上课铃声中踏着愉快的步伐走进教室。但是原本的豪情壮志很快就被眼前的景象淹没：上课铃在那儿唱着优美的歌儿，但孩子们似乎听不见。有的晃晃悠悠地往教室走；有的你咯吱我一下，我追着你跑；有的慌慌张张从厕所飞奔过来。等老师站在教室门口，也许还能欣赏到这样的景象：有的孩子在找学习用品，有的正从书包中掏课本，有的还在阅读着课外读本……五花八门，叮叮当当、嘻嘻哈哈不绝于耳。等老师把豪情壮志换成一声响雷，孩子们终于安静下来，可时间也差不多已经过了十分钟。这样的课前准备占用了课堂教学时间，影响了老师的心情，继而影响孩子们的心情，教学及学习效果可想而知。

《礼记·中庸》有云："凡事预则立，不预则废。"无论做什么事，都必须做好准备工作才能取得良好的效果。做好课前准备能稳定教学秩序，提高教学效率，养成良好的学习习惯，树立良好的学习风气。那该如何指导孩子们做好课前准备呢？看看我们工作室的老师们怎么说、怎么做。

贾取：美国实证主义心理学家桑代克的联结学说揭示了三条主要的学习定律：准备律、练习律、效果律。其中，准备律是指在进入某种学习活动之前，如果学习者做好了与相应的学习活动相关的预备性反应（包括生理和心理），就能比较自如地掌握学习的内容。由此可见，课前准备的两分钟不容小觑。如何充分挖掘这两分钟的价值，引导孩子们以最佳的生理和心理准备状态进入课堂学习呢？经过两年多的摸索，菜鸟班主任将平时的做法总结成了"一课、二强、三倾听"的课前准备。

1."因课置异"的课前准备

根据不同学科设置不同的课前准备内容，但是万变不离其宗，都围绕"服务好孩子，帮助孩子做好心理铺垫，便于孩子以最佳的精神、心理、情感状态进入课堂"的宗旨。例如，语文课的课前准备是边静息边听古诗词唱读音频。之所以选择唱读版本而不是背诵版本的古诗词，其一，兴趣是最好的导师，将古典诗词谱成朗朗上口的歌曲，将中规中矩的朗读转化成新颖别致的童谣，更容易激发孩子们的探索欲望和学习兴趣；其二，心理学的压力倒U曲线告诉我们，压力太大则树弯桥垮，与其要求孩子们"这些古诗词是必须背会的"，让孩子们处于高强度的压力之下，倒不如让孩子们利用课前准备的零散时间，在潜移默化中将这些古诗词烙上深刻的印记；其三，回归到为什么要学古诗词，引用最近大火的《中国诗词大会》里的一段话："因为我们或许记不住早年经历的某些事物，但是在你的生命中，总有很多时刻，偏偏就会念起小时候读过的那句古诗，那种感觉是穿越千年的心意相通，正如人生一样，草蛇灰线，伏脉千里。让孩子背诗，便是将这个世界所有的美好与不美好悄悄种在他心中。于是任风起云涌，他自宠辱不惊，这是诗的力量。"再如，数学课的课前准备重在衔接，与接下来要学习的数学内容挂钩。根据当堂数学课的知识点，通过数学儿歌、数学家的故事、数学要闻、数学符号的来历、有关数学的传说等多种形式和途径，既能充分利用课前准备的碎片时间，让孩子以最好的心理准备状态和认知状态进入课堂，又能春风化雨式地在日积月累中培养孩子的数学素养，拓展孩子的知识储备。

2."强迫症"的课前准备

心理学的研究表明，小学阶段尤其是低龄段的孩子无意识注意占主体地位，注意的持久性很短，且容易受外界干扰。我胶在实践中也发现，低龄段的孩子很容易被各种花式小玩意儿诱惑，在学习的过程中很容易出现注意力不集中、做小动作等。因此，课前准备时不妨让孩子们有点轻微的"整理强迫症"——选用最朴素的文具和与课堂相应的书本，统一放在课桌左上角，其他不相关的物品一律有序摆放在桌肚或书包里。每次使用完后要物归原处，便于下一次取用。相较于"乱中有序"，我更愿意培养孩子们轻微的"整理强迫症"。

3. "以听为准"的课前准备

无论是语文、数学等课前的相关音频，还是体育活动课之后的轻音乐，所有的课前准备都要以听为准。或许有人会质疑这样是否有悖于我们遵循"以孩子为中心"的原则，要鼓励孩子们多说多表达。当然不！因为倾听是我们吸收新知、接受外界信息的首要途径。只有先学会听，用心倾听，才可能将他人的知识经验内化至髓，感悟至己。况且，造物主赋予人类一张嘴、两只耳朵，也就是让我们多听少说。培养孩子的倾听习惯，就从课前准备的两分钟开始！

蔡梅：课前准备是否充分，影响着一堂课的整体教学效果，不容忽视。上次听了小梦老师对班级管理的分享，很有感触。下面我也简单分享一下自己在课前准备方面的一些做法。像我们班，前期孩子们小，课前准备的方法还比较好操作。自从进入四年级以后，孩子们自主意识变强，小叛逆渐凸显，所以需要时常摸索和更新一些管理方法。

近期我接到任课老师反映，称班级课前准备不是很好，比较吵闹，难道是部分孩子又开始坐不住了？或是班干部管理不到位？经任课老师反映得知，有时候预备铃响后或者老师已经进教室了，还有个别孩子才匆匆把书拿出来。

在这种情况下，我马上召集班干部开了一个专门针对提高课前准备的会议，班干部纷纷献计献策。面对已经四年级的孩子们，小儿歌已经不太适合，所以我们制定了朗朗上口、简短易记住的小口号。具体做法是选出一名嗓门洪亮且纪律性强的男孩，在每节课老师喊完下课并走出教室后，第一时间及时喊："下一节什么课。"同学们要齐答："下一节语文课。"在齐答的过程中快速动手做好课前准备工作。并且设有4个大组长，每人负责一个组，将做得好的同学登记名字，进行适当的表扬与奖励。抑扬顿挫的语调、整齐划一的动作、大组长的给力配合、长时间的训练、适当的激励方式，孩子们的积极性变高，课前准备得到了很大的提高。

预备铃响后，在课前美妙的音乐声中，孩子们静悄悄地端坐好等待老师的到来。所以，找对方法并长期训练，才能做得更好。

任何习惯都不是一蹴而就的，俗话说："一回生，二回熟。""习惯成自然。"在习惯的早期形成阶段，将会经历多次反复期，要加强训练，逐渐形成习惯，并伴随一生。

钟颖：在课堂上的知识学习是孩子们在学校生活里最重要的一部分，要抓住课堂效率，就要从课前准备做起。如果课前准备时孩子能自主管理、自觉自控，那么老师对课堂的把控会更有效率。

每节课的课前准备时，我都会留出三分钟的时间给班里的孩子做课前演讲。上课铃响后，当孩子们陆续回到教室，这个做演讲的孩子要自觉走到黑板前，把自己的演讲题目写在黑板上。每一个孩子都拥有好奇的心理，在这个孩子在黑板写字的同时，其他孩子会静静地等待和观察，思考这位同学要演讲些什么。这时便慢慢把下课的松散收了起来，进入到注意力集中的阶段。同时，班干部在小组内走动并及时提醒反应较慢的同学，维持好总体氛围。当三分钟的课前演讲结束后，孩子们通常都会表现出积极的态度，精神抖擞地进入到课堂学习。而这样的课前演讲又能让每一个上台演讲的孩子得到一次锻炼的机会，从资料的准备到上台的勇气，都是一次极大的挑战。这个小尝试是从孩子的心理出发，找到让他们自己安静下来的办法，训练倾听，而不是对孩子实施严格的规定和束缚。

郑梦曦：班主任需要做以下准备工作：①在班级电脑里下载大量抒情轻音乐；②准备一块小黑板（40cm×40cm），并贴上"表扬"和"警告"两种标签；③选拔三名课前管理班干部。具体措施如下：

上课铃响后，气宇轩昂的班长站在讲台上喊口令，口令符合本班特色即可。例如，班长说："上课铃响。"同学们答："认真听讲。"坐姿漂亮的孩子会得到表扬，而没有反应过来的孩子会得到提醒。班长说："趴下休息。"同学们答："我就休息。"课前准备口令结束，一名音乐管理员开始播放轻音乐，孩子们和音乐默默地比赛（发出的声音要比轻音乐小），直到任课老师进入教室，马上关闭音乐。与此同时，一名文质彬彬的班干部在小黑板旁登记，班长表扬一次的同学名字会被写在"表扬"的标签下，提醒三次的同学名字则被写在"警告"的标签下。被"警告"一次的同学在下节课被表扬一次可以擦去名字，但是如果下午放学时名字还在"警告"的标签下，班主任会对该同学进行教育；被登记为"表扬"的同学放学前奖励课堂之星贴纸，累计5张贴纸可得表扬信。

一段时间后，孩子们的课前准备有了很大改善，具体呈现在以下两个方面：①自我管理模式让课前准备井然有序进行，孩子和老师都能快速地进入上课状态；②音乐旋律优美动人，安抚孩子狂热躁动的心灵，还有相应的奖励制度，深得孩子们喜爱。

李巧云：一年级是培养良好学习习惯的关键期，然而孩子们的课前准备情况并不是很理想。预备铃响后，总会有些孩子说说笑笑，不能安静下来，更甚者在教室内随意走动，等老师进教室以后才手忙脚乱地拿出书来。

为了培养孩子们"上课铃一响就能安安静静地等待老师来上课"的习惯，我采取了两个办法。

方法一：老师的言传身教。

孩子的模仿力强，可塑性大。我们要求孩子们做好课前准备，更要以身作则做好课前准备。在响铃前一、两分钟进教室，跟孩子们聊聊天，谈论一下学习的情况和遇到的困难，激励他们认真听课。

方法二：奖励机制。

根据孩子们的向上心理，我安排了专门的课前准备管理员，下课后第一时间用口号提醒同学做课前准备。如管理员说："下一节什么课？"同学们接："下一节××课。"做好学习工具的准备后再自由活动。接着，对在第一声铃声响起就能安静坐下的孩子进行物质或精神的鼓励，如贴小红花、口头表扬等。当然，有奖就有罚，如果第二声铃声响起还不能做好课前准备，就要扣一个小红花。

"路漫漫其修远兮，吾将上下而求索。"培养孩子们良好的学习习惯是一个长期、艰巨而又细致的工作。把这个大目标分为多个小目标，用顽强的斗志逐步击破。让我们携手家长，一起做好孩子们成长道路上的引路人。

黄宇静："良好的开端是成功的一半。"课前准备是课堂教学的第一个环节，也是重要的环节之一。课前准备充分与否，将直接影响教学效果。我的具体做法是：

在一节课结束后，庄同学站起来提醒大家："下节什么课？"孩子们用整齐的声音回答："下节（语文）课！"并拿出书本放于课桌左上角，做好下节课的课前准备后再下课。以语文课为例，预备铃响后，班干部会组织同学进行"课前两分钟诵读"，诵读内容为《古诗70首》或《日有所诵》。通过"课前两分钟诵读"，让孩子们提前进入语文课堂，进入学习状态。

蒋佩君：叶圣陶先生说："教育就是习惯的培养，培养良好的习惯将使教育事半功倍。"所以一堂课的成功是从课前开始的。可是，我发现有的孩子课前不是在讲话就是在玩小东西，并没有进入学习的状态。在课前准备时，我认为可以从以下几个方面入手：

（1）培养班干部。在我的班级，我要求孩子们在课前准备好课本、文具之后趴在桌上休息，主要是想让他们静下心来。这样一来，三位班长就要发挥带头作用，监督同学做好课前的准备。

（2）根据科目布置小任务。语文课前可以让孩子们朗读课文，不仅加强记忆，也可以巩固知识。数学课前准备时，老师会让孩子们背诵乘法口诀，孩子背得不仅整齐而且专心，课前准备的效果特别好。同时，在我的英语课前会让孩子们唱英文歌，也能很快进入学习状态。

（3）老师的示范性。孩子的模仿力强，喜欢有样学样，作为老师应正面引导他们进入课堂学习。老师可以在预备铃的前几分钟进入教室，和孩子们做一些互动，了解孩子们的心理状态和学习状态，适时调整授课内容。孩子们在看到老师已经进入上课状态的时候也会跟着老师做，这样起到的效果更明显。

刘新新：作为孩子，尤其是对小学阶段的孩子来说，良好的课前准备对于一节课来说是非常重要的。对于课前准备，我是这样做的：

要求所有的孩子在上一节课上完之后就把下一节课所要的书本、文具等准备好，工整地放在课桌的左上角，然后再出去玩耍。

玩耍的要求：课间活动不要过于激烈，无论是在室内还是室外都不可以奔跑和打闹，以免玩闹过头不好收心。

学校有两个铃声，当第一个预备铃声响起的时候，要求所有的孩子回到教室趴在桌上静息。播放音乐，让孩子心平气和地等待上课。

静息的要求：安静地趴在课桌上休息，脸统一朝门的一侧，直到老师到来。上课铃声响起时停止音乐，老师和孩子们共同准备上课。

良好的开端是成功的一半，只有做好充分的课前准备才能保证一堂课高效、有质量地完成。

叶小美："台上一分钟，台下十年功。"讲的是老师要用一生的努力做好每一节课的准备。对此前人多有论述，也是我们做好每节课必须完成的动作，这里不再赘述。本文结合自己的班级管理，小谈如何做好课前准备。

课前准备对于上好一节课来说至关重要。良好的课前准备不仅可以帮助老师快速进入课堂状态，把最好的一面展现出来，还可以帮助孩子们规范良好的学习行为习惯，提高学习效率。因此，良好的课前准备是达成课堂目标的前提条件。俗话说万事开头难，如何做好课前准备呢？

1. 明确准备内容：点燃孩子们课前准备的火花

每一个孩子都是一支渴望被点燃的智慧火把，他们一直在等待老师用爱和智慧触摸他们的心灵，点燃他们心灵的火花。即使是做好课前准备这一件看似无关紧要的日常小事，也应当"将第一锤就敲在孩子的心坎上"，让孩子从内心深处慢慢接受它、理解它。

关于课前准备，我们都会要求孩子们在预备铃声响后快速地坐在自己的座位上，将书本等物品放好，安静地等待老师上课，并且讲台和黑板都应该是干干净净的。这些要求并无不妥之处，但若站在孩子的角度来看，他们只知道这是一个必须遵守的规矩，而更多的疑惑是"为什么要我遵守这个规矩"。所以，我觉得有必要给他们一些合理的解释，告诉他们这不仅仅是一个规矩，更是一种做事的态度和尊重，对老师、对同学和对自己的尊重。

态度决定行为，行为决定习惯，只有养成良好的习惯才能具有成功的人生。小学阶段的孩子学习的核心是形成良好的习惯。课前准备除了让孩子做好学习用品的外在准备工作外，更重要的是让孩子从内心做好学习态度和课前知识的准备工作。一是把与本节课无关的心思暂时放在一边，收拢心神，专心致志地投身到将要开始的教学活动，养成集中精力、愉快地从事一项工作的良好心态。做好课前准备不仅要人到，更要心到，避免"人在课堂心在外"。二是要做好课前知识准备，教学是一个连续的知识增长过程，每一节课学习的内容都要以前边学习的内容为基础。因此，课前准备还必须引导孩子们思考上一节课学习的主要知识是什么，这些知识与本节课有什么关系，做到温故知新。

学会尊重是课前心态准备的基本要求之一，但低年级的孩子不懂什么叫"尊重"，这就需要老师善于抓住时机进行教育。有一次上课铃声响了，我刚要开口上课，浩宇的一声"报告"打断了我的思绪，我索性直接让浩宇猜想此时的我是什么感受，并让其他正准备听课的同学分享一下自己的感受。就这样，他们在交流中慢慢认识了"尊重"，并能初步认识这个规矩是对老师、对同学和对自己的尊重。

其实每个孩子都有着强烈的自尊心，如果我们能够真正把"尊重"二字融入他们的心灵里，落实到教育、生活中，和孩子们互相尊重、彼此欣赏，他们就会把我们当作知心朋友，也会在润物无声的师爱中体验到"亲其师而信其道"了。与孩子们的相处，我一直将"尊重"付诸行动，他们也渐渐地学着用同理心去理解他人。与其说是我点燃了孩子们课前准备的火花，不如说是点燃了孩子们"尊重"的火花，使他们从小就开始养成良好的习惯。

2. 优化准备策略：把良好的课前准备方式播种在孩子们的心田

有人说，老师是一个撒播希望的使者，而我更希望能把良好的课前准备方法播种在孩子们的心田。孩子们有时状态很好，有时又很躁动，像是间歇性的，这是由于其处于好动阶段的年龄特征所决定的。我们不否认孩子的情绪会波动，但也需要我们多动动脑筋，想一些办法以不变应万变，在孩子们的心田播种求知的欲望和积极的学习态度。课间一结束，孩子们的心神不定，难以进入高效的课堂状态。为稳定孩子们的情绪，根据孩子们的心理特征，我尝试了几种课前准备的方式：轻音乐预备式、大声朗读古诗词预备式、手势提醒预备式。

（1）课前轻音乐预备式。

一年级的时候，我使用的是课前轻音乐预备式，也就是让孩子们安安静静地趴下休息，听着20分贝的轻音乐等待老师的到来（20分贝以下的声音一般认为是安静的，20-40分贝大约是耳边的轻轻细语）。选择这种方式不仅因为音乐可以舒缓孩子们课间紧张的身心，也提醒他们此时应该控制自己的音量，准备以更饱满的情绪和更集中的精力投入到课堂中。久而久之，一放这些音乐，很多孩子都能哼唱出一些曲调了，这说明绝大部分的孩子还是能静下心来听音乐的。当然，这也提醒我该换新的音乐了。实践证明，轻音乐的课前预备方式会让孩子们多一分静气、雅气，少一些浮躁、粗野。

（2）课前大声朗读预备式。

大声朗读式课前准备方法在二年级的第一学期实行，这种方式让孩子们多了一分灵气，少了一些惰性。预备铃声一响，孩子们拿出《必背古诗70-80首》开始朗读古诗，直至老师进教室停止。课前大声朗读这些韵律美、节奏美、气势美的古诗，不仅有利于让孩子们把情绪广泛地调动起来，感受"诗性美"，也有利于训练孩子们集中注意力，避免困倦和思想开小差，为课堂做好更充分的准备。对于我们班的孩子来说，最大的改变是让他们在欣赏自我的声音中培养了自信，喜欢上朗诵，更唤醒了孩子内在的人格和心灵，即我们通常说的孩子终于开窍了，能慢慢理解为什么要坐在教室里学习，大胆地在课堂发表言论。

（3）手势提醒预备式。

想让低年级的孩子安静下来是需要讲究"艺术"的。换句话说，就是避免使用惯用俗语（请安静、休息趴下），尝试用一些约定俗成的方式来提醒他们。近期为扶助班干部管理课前准备，我们采用了手势代替语言的方式，即竖起一根手指放在嘴巴前轻轻嘟起嘴巴发出小声"嘘"的动作。这种方式对班干部确实起到了一定的效果，最后扩散开来，孩子们相互之间也会使用这种方式提醒对方，这个手势被大家赋予了"班级暗号"的约定。若某一个孩子被提醒超过两次，需要下课后主动找我谈话，因为我们的班规必须奉行不悖的原则之一是要为自己的行为负责。手势提醒预备式是对前两种方式所出现问题进行的补充，目的是尽可能把良好的课前准备方式播种在每个孩子的心田，在每个孩子的心田里扎根发芽。

3. 静待花开：给孩子们一缕茁壮成长的阳光

课前准备的本质在于育人，在于教会孩子如何学习，如何养成良好的习惯。对于孩子们来说，当一个习惯没有形成之前，不可能主动做好。所以，作为班主任，我们不仅得扶上马，还得送一程，给每一个孩子的心房送去一缕茁壮成长的阳光和坚定的信念，让他们慢慢地成长。换言之，每次预备铃响之前，我们都要到教室门口或者窗户那里出现一下，这样能在无意中提醒孩子们此时该做些什么。同时，为养成一个良好的课前准备习惯，也需要不断地告诫孩子们，并持之以恒，直到这个过程慢慢地在他们的世界里形成一种条件反射，进而变成一种习惯，如一缕阳光般温暖着每个孩子的心田，静享成长的快乐。

教育无小事，处处皆育人。泰戈尔曾说："不是锤的敲打，而是水的载歌载舞，使粗糙的石头变成了美丽的鹅卵石。"孩子们水晶般纯洁的心灵需要我们用爱和智慧一点一滴地温暖，当一个小小的课前准备真正地走进他们的心灵，变成终身的良好习惯时，生命之花也会悄悄地发芽、开花、结果。

王琪：良好的课前准备是有效教学的重要前提之一。小学阶段的孩子自控力较弱，注意力难以集中，行为习惯尚未成型。上课铃响后，老师踏进教室经常能看到一派"菜市场"的景象：地上随处有垃圾，孩子们交头接耳，甚至大声喧哗，对老师视而不见。所以，在低年级培养良好的课前准备习惯显得尤为重要，这要从细节抓起、从平时抓起。结合以往的经验，我认为课前准备习惯养成要点可以概括为"净、静、敬"。

1. 净

地面要干净，抽屉要干净，桌面要干净。一开始，我要求孩子们在课间捡起地上的垃圾，平时整理好抽屉，我会不定期检查。预备铃响时，收拾好桌面，只留上课的必需品。抽屉和桌面是自己的地盘，整理是分内事。但是，孩子毕竟是孩子，一下课就放飞自我，哪能自觉在教室里捡完垃圾再出去？我给他们讲了个故事，大概意思是有一个魔法老婆婆要去小镇上居住，结果很多人家（暗指各个小组）门口都有垃圾，她转来转去（我在班里转悠，指了几个小组地上的垃圾），谁的门都不想进，最后自立门户，并担任起清洁小镇的工作。人们得知此事后很惭愧，从此也注意自己的卫生（那几个小组的成员也默默捡了地上的垃圾）。孩子们听过这个故事后，每次我进教室，一开口"魔法老婆婆……"，话音未落，孩子们马上捡起地上的垃圾冲去垃圾桶扔了。

2. 静

闭嘴、收腿、趴好。好奇、好动是孩子的天性，课间十分钟不够玩、不够聊，预备铃响后趴在桌子上还在偷偷说话，手脚动来动去。我以前试过课前准备儿歌，孩子们慢慢地习惯了，内心就没那么在意了。于是，我将"安静"的指令分解为简单的三个词：闭嘴、收腿、趴好。闭上嘴，不讲悄悄话；收住腿，坐在椅子上；趴好休息，平静心情。简明扼要的具体指令有助于理解和执行，但也需要每一天、每节课都提醒和落实才能最终养成好习惯。

3. 敬

对老师要尊敬，对公共空间的规则要敬畏。尊敬老师体现在课前问好的礼仪要认真，站姿端正、目视老师、声音洪亮；敬畏公共空间的规则体现在谨言慎行。我经常跟孩子们强调："这是48个人共同的空间，所以要特别注意你的一言一行给其他人造成的影响。"比如有个男孩喜欢在课前趴好休息的时候吹口哨，我制止了他。我说："如果你是在自己家，那你可以随意发挥。但这是在教室里，可能有人会跟着吹，也可能有人会听着不舒服。"单方面的提要求是苍白的，只有发自内心地理解"敬"的含义，孩子们才能举一反三地修正自己的行为，养成良好的习惯。

王小玲：无规矩不能成方圆。课前准备直接影响学习效果，那么应如何引导孩子们进行课前准备呢？

1. 课间十分钟的准备及要求

下课铃响了，孩子们应该做什么？是立刻跑去玩吗？不是的！下课铃响了，这是告诉我们快快做好下一节课的准备工作，再去上厕所和玩耍。

（1）学习用品准备。引导孩子们记录好课程表，明白每一节上什么课，准备好课堂的学习用品，整齐地摆放在书桌的左上角。摆放的物品包括书本、课堂笔记本、文具盒，这样就避免了做课堂练习时翻书包、搜书桌、向同学借等情况的发生。

（2）身心准备。去完厕所，可以进行喝水、看课外书、下快棋、聊天、散步、看自己领养的花草虫鱼等安全又有意义的活动。

2. 预备铃响的准备及要求

预备铃响了，孩子们应该做什么？这个时候应该停下所有的事情，快速回到自己的位置检查学习物品是否放好，然后端坐在位置上闭目养神，心无杂念，深呼吸两下，静心等候老师到来。除了静候老师到来，还可以利用各学科的不同特点引导孩子做课前准备。

（1）师生互动。如师生、生生一起对诗、对对子，可以推荐一些自己喜欢的诗歌和作家，或者播放轻音乐、唱班歌等，既营造了良好的学习氛围，也增加了孩子们的文化积淀。

（2）生生互动。由班干部主持，引导同学介绍身边的新人新事、说说自己了解的国内和国际的大事、成语接龙、讲一些简短的幽默小故事等，既让孩子们喜欢又有趣、有意义，还能快速集中孩子们的注意力，从课间回到课堂。

3. 反复强化，奖惩结合

要想让孩子们能够自觉做好课前准备，必须强化练习和及时反馈。

（1）课前准备的宣传和教育。通过班会课跟孩子们商量，约定课前应做到的几项要求，比如课间十分钟及预备铃声响起时应该做好哪些事情。

（2）利用评比打分强化要求。结合班级日志，由值日班长记录每堂课的课前准备情况，再由老师利用课余时间进行总结表扬。低年级的孩子更需要老师或者班主任亲自到场指导、监督，及时树立典型，巩固孩子们的良好行为。

伴随着孩子们良好学习习惯的养成，稳定的教学秩序就会建立起来。这种稳定的教学秩序会促进师生关系和教学气氛的和谐，老师教得舒心，孩子们学得愉快。

教育故事篇 ◎

正是儿童，使我成为一个执着的探索者、一个不倦的学习者、一个多情的诗人。

——李吉林

带着你的善良和孩子一起慢慢走

□ 王小玲

——王小玲名班主任工作室实践探研案例集

一路向暖

小丁，三岁时的一场意外使他脸上留下了七八处伤痕。8月30日他第一次出现在教室门口，把小雨、小美吓得直往我身后躲。而接下来的日子他却惊吓到了我。上课打扰同学、咬杂物、扔东西；下课拔花草、捉蜗牛、打蚂蚁；把彩色笔芯拔出来在任何他能够触碰到的地方都留下了印记……

我爱孩子，我理解这样的孩子更需要关注和爱护。于是，每每我都是笑脸相迎、苦心规劝，课堂给予特别的关注，让班级同学宽容、爱护他，为他准备了各种小礼物，只盼他尽快融入班级，不要落下太远。可惜时间从8月30日来到10月30日，小丁并不见有多大的改变。他孤独的身影依然在学校的很多角落飘荡，五星班级的评比因为他屡屡与我们班擦肩而过。我急了，这样下去行吗？是不是该来一次重锤敲击？是不是玉不琢不成器？于是，在他第8次拔出彩色笔芯弄得自己满头满脸，还伸出脚绊倒同学时被我拎进了办公室。我把一直以来的生气、难过化成一股怒气如雨倾盆地往他身上倒，恶声恶气地数落着他的百般不是，说到结尾处还狠狠地加上了一句："你若不改老师将不再爱你！"可惜，他孤独的身影依然飘荡在校园的很多角落，唯一改变的是看我的眼神开始变得躲躲闪闪。

又是一天，飘荡的小丁不小心瞥见了我门神一样的眼光，便因为飘荡过急狠狠地摔了一跤，膝盖破了一层皮，血正往外渗。又急又恨的我背起他就往校医处跑，不巧校医外出开会，我只好跑向校外的社区医院。就在汗水从额头滑下要浸入眼眸时，一只花花绿绿的小手从背后伸过来带着汗滴温柔地划过："老师，不急，我可以自己慢慢走。"刹那之间，这个让我生气难过的麻烦包子仿佛有万丈光芒，让心急如焚的我如沐春风。我从来不知道不慌不忙、不着急能够让人这么舒服，剩下的路我们相扶着走完了。

曾几何时，我孜孜以求班级是否得了流动红旗，追求班级是否获得了表扬，追求某种比赛是否第一，可我忘记了教育需要慢慢走。我一边羡慕牵着蜗牛散步的美好，一边却又步伐匆匆。

和小丁相扶着慢慢走完的路让我沉下心来思考：回归教育原点，摒弃急功近利，循孩子天性而为，再寻找最佳的教育生长点。只要遵循规律，引导得法，挺过瓶颈期，这样的孩子完全可能是"优秀人才"。从此，面对小丁、面对整个班级，我开始进入从容淡定的状态，绝不拔苗助长。

两年后的小丁已经可以不再到处涂画，还能偶尔出现在走廊的书吧了。

最后让我们一起重温顾城的一首小诗：

> 在山石组成的路上
> 浮起一片小花
> 它们用金黄的微笑
> 来回报石头的冷遇
> 它们相信
> 石头也会发芽
> 也会粗糙地微笑
> 在阳光和树影间
> 露出善良的牙齿

鼓励，从心开始

□ 蔡 梅

小阮是一个调皮的小男孩，独生子，眉眼清秀，个头中等，性格直爽、好冲动。从入学开始就逐渐表现出一些不良行为，如上课听到自己感兴趣的内容会就地打滚，丝毫不顾及上课中的老师与同学；自行制作一些道具，影响同桌上课；上体育课时就地抓起泥土往同学衣领里灌、脱同学的裤子；讲脏话；故意打人、吐口水、往同学身上洒墨水等，以致班上的孩子"闻阮生惧"。小阮初期的表现着实让人感到头痛，每天光处理他的事件就要占据我大半的时间。经了解我发现，小阮从小与爷爷奶奶生活在老家，其父母长期不在身边，导致其安全感的缺失，异常行为均是想引起他人注意。

对待小阮首先要从说服教育入手，让他认识到引起他人注意的方式有很多种，但是目前的行为是错误的，会让别人不喜欢，甚至引起同学的反感。这种说服教育虽然力度不大、见效不快，但每次都能感觉到小阮会安静一两天。

一次课间，班干部急匆匆跑来说小阮把另外一个同学打哭了。我找他们了解情况发现，某同学刚好要经过小阮身边，结果小阮故意挡住不让过，还挥拳打向同学。当时我非常生气，气小阮总是这样不听劝说，也气对他的用心又全变成了无用功。

在许久未见明显成效的情况下，小玲老师的一席话点醒了我："孩子的不良行为将会出现多次反复过程，虽然他自己的道德认知有所改善，但尚未形成良好的道德意志，两者不能保持一致。同时，外部环境的不良刺激也会对其产生负面的影响，导致错误一次又一次地出现。教育是一个长期的过程，所以立马见效是不太现实的。"

紧接着小玲老师又送了我一本书，是简·尼尔森的《教室里的正面管教》。读了这本书我感触颇深，不仅自己的教育思路有所转变，也体会到了与孩子共同成长的快乐。

正面管教是一种不同的方式，它把重点放在创建一个相互尊重和支持的班集体，激发孩子们的内在动力，追求学业和社会的成功，使教室成为一个培育人、愉悦和快乐的学习场所。作者对教育的新理念、新模式，我十分尊崇，并且在践行的道路上慢慢探索与体会，也算小有所得。

鲁道夫·德雷克斯说："孩子们需要鼓励，就像植物需要水。鼓励对于孩子们的健康成长和发展是至关重要的。"如果将鼓励巧妙运用，将会对孩子的个人成长更加直接有效，达到更高级的效果。其实小阮字写得非常漂亮，学习成绩也不错。我试着在班里放大他的闪光点，以激起同学们对他的欣赏与信任。

一次，小阮在课间拿跳绳打了同学。我首先对他进行了一番说服教育，让他给同学道歉，然后话锋一转，接着说："小阮，体育课杨老师跟我说你在操场上跳绳时弹跳力强，动作敏捷，想将你推荐进校篮球队，你愿意吗？"我看到他眼睛里迅速亮起一抹羞涩的光，接着，他点点头说好。在跟体育老师进行了沟通后，他同意以同样的理由邀请小阮加入篮球队，同时约法三章，如继续表现不好就会被退队。就这样，他顶着被退队的压力在篮球队待了下来。

其实我是想消耗一下他多余的精力，让他没有那么多的精力"惹是生非"。初时确实安稳了几天，直到又一次接到小阮同桌的投诉，称他将墨水洒到了自己的白色衬衣上。找他谈话时，他略带愧疚的眼神告诉我他已经知道自己做错了。我又想起他这个年龄段的特点，还是软下口气与他进行了一番沟通，他望向我的眼神是略带羞涩的，这仅仅是一个需要爱、需要被承认的小男孩。我对他说："小阮，其实现在你已经做得很好了，如果让你利用自己的这种好为同学们服务，你愿意吗？"

刚好数学小组长有一个空缺，加上他近期有进步，我就在班上询问大家的意见，并得到了同学们的认可，他自己也爽快地答应了。直到今天，每次他都是第一个收好作业的小组长，虽然偶尔也会再犯错，但是比起以前，现在的小阮已经让老师和同学们刮目相看了。

反思对他教育的诸多不成功，是因为我只进行了批评教育，没有对他进行行为上的实质转变，在教育的路上绕了一些弯路。现在我对自己提出了更高的要求，比如之前在数学课上，孩子们快速写好一道练习题，我通常会夸孩子们"你真棒""你的速度真快"等奖励性语言，但现在我会说："你真棒，如果你的书写能更规范一些就更好了。"在夸奖孩子的同时给他定好下一个小目标，孩子在得到当前成就感的同时不仅仅满足于当前，而是带着老师的期许，朝着更高的目标努力。

正如洛克所说："人类的千差万别，正是教育之故。是的，教育在现代社会有着不可动摇的重要地位。"教育就是如此，一起学习、一起交流，所得最终都会成为自己的管理办法，成为自己漫漫从教路上的精神宝藏。身为人师，要始终秉持终身学习的理念，多读书、读好书，多与同事探讨班级管理经验，丰富自己的成长之路。

有幸成为"王小玲名班主任工作室"的一员，感谢学校给予我们宝贵的学习机会，让我体验成长的快乐，收获成长的经验，在快乐的学习之路上继续前行！

你若安好，便是晴天

□ 蔡 梅

九月的秋天金风送爽，拂过灵芝园的每寸土地，丹桂飘香送来了孩子们的欢声笑语，夕阳的款款深情印照着孩子们一天的收获。又是一个开学季，作为一名班主任，我和孩子们一起迎接了五年级的到来。

古人云："亲其师而信其道。"只有建立良好的师生关系，才会让孩子们乐于接受老师的教诲，对所学的课程产生兴趣。

维护孩子们的自尊心

良好的关系要建立在"爱"的基础上，只有老师对孩子们付出了爱，才会得到孩子们更多的爱，才会形成一种"相互依恋"的情感。

课堂上，一个孩子的问题回答错了，几个调皮男生起哄，发出了不友好的声音，本就羞涩的孩子当即哭了。在这时我大力表扬她认真听讲、积极思考，回答错误不要紧，孩子谁都有犯错误的时候，相反老师会更欣赏勇于思考、敢于发言的孩子。在我眼里，积极思考的意识才是最闪光的，敢于表达自己的想法永远都值得点赞。当晚我收到了孩子妈妈给我发来的信息，她感谢我在课堂上维护、鼓励她的孩子，孩子没有因为这一次的课堂事件而留下阴影。这时我才知道，原来我的小小举动在孩子的心里泛起了层层涟漪，小小的赞扬维护了孩子稚嫩的心灵，自然而然拉近了我们的距离。她在以后的课堂中依然高举小手跟大家分享自己的见解，这就是老师对孩子的爱。

课程改革需要建立新型的师生关系，即朋友式的师生关系。作为一种以师生个性交往为基础的新型师生关系，它可以增进师生的情感，提高教学活动的吸引力，成全孩子的自尊，唤醒孩子的自信。

我们可以成为好朋友

有一部电影叫《一个都不能少》，作为一名班主任我想说："爱你们，一个都不能少。"责任不允许我放弃任何一个孩子，不管是乖乖儿还是调皮捣蛋鬼，我爱孩子的心一视同仁。在我的眼里，孩子是平等的，我会用更多的爱心和耐心对待他们，和他们做朋友。

班里有个调皮的男孩总是喜欢用千奇百怪的行为引起大家的注意：上课吃墨水，逗得大家哈哈大笑，课堂秩序被成功扰乱；上课划别人书本，把内向的女孩给惹哭……有一次，经常不写作业的他突然写得非常工整，我对他大加表扬，看着他满足的笑脸我也很为他高兴。我不敢相信地问："你真的会做题吗？"他说："会啊。"我说："那明天上课我找你做题好吗？"他自信地一直点头。第二天他真的在黑板前展示了自己优秀的除法功底，三题连对。当全班同学都为他鼓掌时，他的嘴角扬起了自信的弧度，我仿佛看到一颗积极向上的种子在他的心里生根发芽，迎着阳光，默默生长。

诗经有云："投之以桃，报之以李。"我送孩子一次朋友式的聊天，孩子还给我一个认真听讲的自己。如此你来我往，师生的关系上又多了朋友的知心、交心。

良好的师生关系应当如亲情、友情，这需要我们每个人在实际工作中不断探索、总结，只要肯下功夫，一定能建立起更和谐、更融洽的师生关系。我真诚地希望孩子们在小学阶段不仅能学到课本知识，而且能学会善良友爱，并能锻炼自己的表达能力和沟通能力，逐渐成长为一个开朗、善于交流的人。最重要的一点，希望孩子们能够学会自立自强，能够自己处理并决定一些事情，做自己快乐的小主人！

孩子们，你们若是安好，便是老师的晴天！

有一天，你会更加优秀

□蔡 梅

有一天，你和同学又红着脸一起走到我面前，互相指责对方的不是。经过老师的了解和分析，你们又握手言和，一同离去。

有一天，你被同学告状说经常上课不认真、捣乱，还影响其他同学。找你谈话，效果有，见效快，但复发也快。

有一天，你突然带了很多玩具到校，经询问得知是你偷拿了爸爸工友的钱。这种行为让我一度为你感到难过，也让父母感到棘手和痛心。但是好在那只是你一时的行为，现在并没有，很好。

有一天，我发现补写作业的名单中有你，作业潦草、不按时完成。找到你，你还会耍小心思偷懒，实在避无可避才肯完成。

有一天，你拿笔画前面同学的衣服。找到你，你自己也承认，并为自己的行为道歉。

有一天，同学们争先恐后告诉我，你拆了共享单车的零件还在炫耀。一番长谈后，你答应我再将它装回去。

……

以上是列举的你的"罪状"，但是我更想说的是每次你做了不合适或者错的事情，认错态度是良好的、坦诚的、积极的，是让自己声泪俱下的，也能让别人感受到你真诚的歉意。所以老师相信你，相信有一天你会更加优秀！

我对你高度认可，并欣赏你的阳光心态。你真的是一个人见人爱的男孩，见到谁都能主动问好，并且你的满腔热情和快乐绝对能成功感染每一个人。你是一个能带给别人快乐的男孩，是让人充分感受到友好和真诚的一个男孩。

四年的时间让我对你有足够的了解，你真诚、重情义。有一次，我看到你竟然和信息老师耍小脾气。一问，你说是另一个同学上课找你说话，结果被老师看到并只把你留下来谈话，你觉得委屈。我说为什么信息老师只叫你过来，还不是因为和你关系好，如朋友一般，所以才批评你。你听完这句话表情瞬间多云转晴，速度快得令我咋舌。孩子，你有如此阳光、积极向上的心态，相信任何困难都不会难倒你的。

这个新学期你的表现可圈可点，我发表扬信给你的家长进行表扬。听闻你回家对爸爸说老师给你新安排了一个学霸做同桌，你说不能辜负老师对你的"关照"；你说跟着这样的学霸同桌一定要进步才行；你说有时控制不住说话或做小动作时新同桌会提醒你，甚至监督你不许做一些违反课堂纪律的事情；你说……真好，今天看到你有如此的变化，真为你感到高兴。

巴特尔指出："爱和信任是一种伟大而神奇的力量。老师载有爱和信任的眼光，哪怕是仅仅投向孩子的一瞥，孩子幼小的心灵也会感光显影，映出美丽的图像。"

作为一名班主任，面对问题较多的孩子时该怎么办呢？是严重地批评、压制孩子，还是坚持赞美，唤醒他们的感情和爱，促进其转变？实践证明，后者是更有效的。

爱是一块肥沃的土壤，是一种伟大的力量。要教育好孩子，首先要关心孩子、热爱孩子，做孩子的知心人。只有对孩子感情深，工作才能细，方法才能对。

潜心育人是广大班主任义不容辞的职责，让我们更加耐心和细心地做好班级管理工作，为真正达到"潜下心来育人"的境界而努力奋斗！

Hello！我的100分同桌

□ 黄宇静

小慧，一个聪慧美丽的女孩，作为一年级新生刚来我们班的时候我就记住了她。不仅因为她的聪慧美丽，还因为她头上戴着一顶枚红色的鸭舌帽。

原来，小慧5岁时出过车祸，做了颅骨修补手术。她来到我们班，没几天就出名了，不是因为她的帽子，而是因为她老是抓伤同学。特别是同桌小毅，手上、脸上都有指甲抓伤的淡淡痕迹。

我从小慧妈妈那里得知，这些是手术后遗症，颅骨修补手术对孩子的后天行为有一定的影响。于是，我在班里设立了"100分同桌"的奖项，充分发挥同桌的提醒、监督及表扬功能，以一带一，争取两个人都得100分。

我跟小毅表达了我对他的期望：希望他和我一起帮助小慧。小毅作为班长，欣然应允。每天放学前我都会问小毅："小慧今天进步了没有？"如果小慧有进步，小毅就大力地表扬她；如果小慧今天进步不多，小毅就鼓励她。来自同龄人的鼓励和表扬有时候比老师的话更激励人心。小慧的书写在我们班是数一数二的好，我以此为立足点，不断在孩子们面前重复："只有静心的孩子才能写出如此大气的字！"

在每天坚持不懈地表扬或鼓励后，小慧在不到一个月的时间里完全改变了，现在的她越发聪慧美丽、大胆自信。

当然，这一切离不开小慧妈妈的配合与支持，再次感谢小慧妈妈对我的信任与支持！

"100分同桌"说是奖项，其实只是在班级里进行口头表扬而已。但是，当孩子们得到同龄人的称赞时却更开心，当他们与别人并肩作战的时候更具"战斗力"。我们班现在"100分同桌"的队伍正在不断扩大，有小创和依依、小媛和小杰、小可和小清、小彤和小希……

苏霍姆林斯基曾说："请记住，成功的欢乐是一种巨大的情绪力量，它可以促进儿童好好学习的愿望。请你注意，无论如何不要使这种内在的力量消失。缺少这种力量，教育上的任何巧妙措施都无济于事。"

要给孩子们巨大的、成功的欢乐，最好的方法就是表扬。孩子们不仅希望得到老师的鼓励和表扬，同样希望得到同伴的鼓励和表扬，这样他们才觉得自己"更有面子"。同伴之间的赞许更容易打动人心，那是来自同龄人的真诚。

跟着蜗牛去散步

□ 贾 取

"我愿意用一生的时间，去等这个小男孩把花束束好，用他5岁的手指。花绳绕过来，刚好要系上的时候，另一端又突然滑走了。孩子，你慢慢来，在淡水街明亮的阳光里，在石阶上，等你把花束好，用你5岁的手指。"曾经在学生时代读到龙应台《孩子你慢慢来》中的这一段时，我满腹狐疑：这样的美好大概只发生在书中吧。工作以后，身份转变了，由被动接受知识传输的孩子变身为主动传道授业的老师，但这一观念却没扭转，反而更加执拗。毕竟现实中我们面对的是一个班几十个孩子，静待花开，一个个地等，那要等到什么时候？

我们班有个孩子名叫超超，但近半个学期以来他的表现却称不上是"超乎他人"。有时候我甚至暗自思忖，这种所谓的心理补偿效应也太明显了吧。经过两个多月的教导训练，这批刚入学的一年级孩子已经在上课铃声与课前准备两者之间建立了巴甫洛夫式的条件反射，除了超超。这不，在我的一节数学课上，"请把数学书翻到第50页。"我的话音刚落，已有一大半儿骄傲的小手举了起来。再等数十秒，我扫视整个教室，48只小手自豪地高高举起。我的目光落到第一排的超超身上，只见他仍在卖力地一页一页翻书，才刚翻到二十几页。我不耐烦地走过去提醒他："一页一页地翻太慢了，一次翻多点就快了。"他惊得整个身子一颤，小手随之就把书翻到了八十几页，然后还要继续往后翻。同桌忍不住叫道："翻过了，都八十几页了，不能再往后翻了。"只见他又倒回去从第一页开始，一页一页地翻……正要崩溃的我猛然发现超超的额头上汗水直流，我默默地折回到讲台上，眼睛的余光发现他最终还是一页一页地翻到了第50页。

课后我一直在回想这件事，心中十分愧疚。我向来强调高效快速，但作为一名老师，我是否在不知不觉中成了"牵着蜗牛散步"的那个人，以"行动速度""高效率"来要求着班里些许的"小蜗牛"们，常常摆出一副"恨铁不成钢"的架势，催促着他们采摘那些对他们来说实在是太高的"果子"？

对于超超而言，他之前就读的是公立幼儿园，格外强调"去小学化"，所以他没有接受过任何课堂上的规则教育。他的父母也是"幼儿园去小学化"的绝对拥护者，甚至都没有让他接触过20以上的数字。所以，50、80对他而言只是两个抽象的符号，谁大谁小的概念他可能听都没听过。想到这背后的种种可能，我觉得超超课堂上的表现是可以理解的，不免为自己当时的焦躁而满怀愧疚。尤其是当我与超超私下沟通之后，这份愧疚之心逐渐发酵。他低埋着头，怯懦地告诉我他只会从1数到20，再多的就不会数了。是啊，世界上没有两片完全相同的叶子，孩子也是这样，他们的认知模式、智力水平、兴趣爱好等各有所异，我们岂能理所当然地认为"既然大部分人都能做到，那你也应该是可以做到的"。教育不是机器，我们不能像模具厂的流水线那样批量生产，把几十个孩子打造成一个模样。如果我们一定要心急火燎地"拔苗助长"、千篇一律地一刀切，势必会出现受伤的"小蜗牛"。

"时不我待、只争朝夕"的魔怔竞争、脚步匆匆的生活节奏、功名利禄的喧嚣……如果说这些都是时代发展与社会进步的必然趋势，那么在校园这最后的一方净土里，我们何不放慢脚步，跟着蜗牛去散步，珍视生活中的小情趣，让灵魂充盈，让生命被享受，而不是急急忙忙地完成。慢下来，我们才不会错过一路的好风景。

祛除不安，浇灌自信雨露

□ 连可爽

"谁能替大家解决这个问题？"每次提问，举起小手的总是那几个孩子。我注意到有一只手举到一半又落下去，于是特意点了她，可是她又怯生生地摇了摇头，请她起立回答的想法也就此作罢。

下课我问她为什么把手举起又放下？"因为我有一点想法，想回答，又怕说不准确被同学嘲笑。"在后来的一段时光里，我给予了她极大的鼓励，慢慢地，每节课我都能看到她高举的小手，或疑惑，或解答。不管出于怎样的理由，她都慢慢迈向了自信从容。

不自信、害怕被嘲笑的孩子不在少数，这些孩子有想法、有疑惑，却也有更多的顾虑。

他会怀疑自身的能力："我好像不能准确地表达自己的想法。"

他会在意同学的眼光："如果我表现不够出色，同学们会嘲笑我。"

他还会考虑老师的感受："老师是否不喜欢听不懂还爱提问的孩子？"

在这部分孩子的眼里，事情总有太多不确定，不确定带来不安，不安随之带来胆怯。其实，即使是成人，也会缺乏安全感。

那么，应该怎样让孩子消除不安，摒弃消极心理，并且树立信心呢？

营造气氛

在教室或孩子的卧室里多布置一些绚丽、暖色系的装饰，营造明亮、具有安全感的环境，可以让人心情愉悦。减少一些灰暗、沉闷的色调，从视觉上给予孩子安全感。

交流想法

关于孩子的表现，及时让孩子掌握家长、老师的想法和态度。鼓励认可优秀的行为，批评指正不好的行为。对于缺乏自信的孩子来说，家长和老师的态度不明确对他们来说是最令人担忧的。因此，及时地沟通和疏导以及明朗的态度可以让孩子们心中对自己的行为有明确的认识，并指引自己接下来的行为。

正向引导

在班级和家庭里做好言语和是非态度的正面引导很有必要，对具有嘲讽、鄙视意味的言语要坚决杜绝。

首先，老师和家长要率先示范、以身作则；其次，对于有不良言语习惯的孩子要予以批评和指正。这些负面的言语对于缺乏自信的孩子来说具有致命的杀伤力，因此要坚决杜绝。可以开展一次相关的主题班会，亦可以对孩子的言语做一个追踪记录，反馈总结。

孩子的可塑性很强，及时做好引导，幼苗也将在自信雨露的滋养下长成挺拔大树。

幸福是一种灵魂的香味

□ 赖美芳

这个假期我重读了李镇西先生的《做最好的班主任》，说重读是因为在青年教师培训之际我曾有幸拜读。这本书是老师培训、进修、自身素质提高的首选教材，特别对于新任班主任的帮助很大。这么多年，这本书也是我的床头书，困惑的时候翻出来读一读，不得不说受益匪浅。李镇西先生为师的情怀、当班主任的快乐理念一直支持着我前进。

班主任工作烦琐，日复一日，容易让人产生倦怠感。我一直觉得李镇西先生在给我们树立一个榜样、传递一个理念，就是做一个幸福的班主任。正如我印象最深的一句话："的确如此，我是发自内心地愿意做班主任，因为20多年的班主任生涯赋予我无与伦比的快乐。"李镇西先生当了二十多年的班主任，一个把职业、事业和生活融为一体的人，一定是幸福的！

春天来临的时候，万物复苏，花儿贪婪地吮吸着阳光雨露，为这个季节的绽放做好准备。我一直觉得春天是一个美丽的季节，每天都能看着这些花儿慢慢地成长，不愿意错过每个绽放的瞬间，这是否就是一种平平淡淡的幸福呢？

从教以来，我发现每个班都有一些潜力未被开发、学习成绩暂时落后的孩子，常常被贴上"差生""后进生""学困生"的标签。这类孩子确实让老师很头疼，学习成绩不好不说，又调皮捣蛋，闯下不少祸。但这类孩子受多了批评，久而久之会产生"破罐子破摔"的思想："反正我也是学不好的。"以前我对这类孩子既难过又无奈，特别是对那些讲了不听的孩子，更是无可奈何。在阅读《做最好的班主任》的时候，李镇西先生对每一个孩子细微的爱让我感觉师爱确实是春风化雨，润物细无声。每一个孩子都有尊严，都希望得到别人的尊重和赞美，都需要得到老师的关注，都需要接受和付出爱。在班主任的生涯中，我也是摸爬滚打，改变策略，经常找机会鼓励、表扬这些后进生。学习成绩不好的，表扬他劳动积极；上课不专心听讲的，表扬他做操认真，并鼓励他在其他方面也一样能做得出色。结果，这种政策实施以后卓有成效，整个班风有了明显的改变与进步。听到很多任课老师说喜欢到我们班上课，作为班主任的我感到一丝欣慰。

其实，老师的一个微笑、一个友善的眼神、一句赞美的话语，也许能改变孩子的一生。即使不能改变孩子的一生，也能让他们得到同龄孩子应该得到的阳光、雨露和爱。教育是以生命影响生命的事业，用阳光的人性启迪阳光的人性，这也是它的神圣所在。不管我们个人际遇如何，一旦与孩子相遇，我们就要把内心的阳光传达给他们，从而启发他们阳光一样的心灵世界，给他们奠定阳光人生的基础。作为班主任，不仅有责任用爱心体会孩子的感受，更有责任关爱每一个进步慢的孩子，不是吗？

罗曼·罗兰曾说："幸福是灵魂的一种香味，是歌唱的心的和声。"所以，我们都该快乐和幸福，和这个季节的花儿一起绽放，释放灵魂的香气，让心歌唱，和着情感的曲调，且行且唱且香。

读故事，教育孩子

□李 易

孩子的世界是天真的、无忧无虑的，但是他们偶尔也会有些烦恼。更多的时候我们用成熟的思维模式看待孩子，不理解孩子的行为，当与成年人规则意识相冲突时甚至会责备孩子，孩子因此也会感到闷闷不乐与不理解。

我曾经认为打压孩子们的行为、言语会让孩子们遵守规则，这个方法确实行之有效，但难以避免的是孩子们内心更多的不情愿、不开心、不理解。恰巧有一天读到了一本低龄段的绘本《你是特别的，你是最好的》，另类的封面立刻吸引了我：简笔画中四个小孩的脸庞，蛀牙的、只有几根头发丝儿的、酷似外星人的，各有各的不同，却也构成一幅和谐、童趣的封面。忍不住翻开继续往下读，绘本中描述的孩子个性鲜明，我的脑海里顿时浮现出班里的孩子们。

于是，我决定跟孩子们一起读一读这本有趣的绘本故事书，看看孩子们眼中有哪些东西是他们认为跟别人不同的，哪些是令他们不开心的。跟孩子们聊聊，倾听他们内心的想法，给予他们爱的鼓励，或许会有不一样的效果。

打开书本，第一幅图呈现的恰巧是"掉了一颗牙没关系"。孩子们也在经历换牙的阶段，看到这幅图忍俊不禁，纷纷比较谁掉的牙齿多，也在催促我赶紧接着读。

当我们一起看到第十幅图时，孩子们不约而同地喊出小范同学的名字，并对他说："戴眼镜没关系。"这个曾经被同学嘲笑近视眼戴眼镜的男孩咧开嘴笑了，我能看出他的笑容是满意的。

"哇""这样都行""我觉得不好""我今晚也想试试看"……此起彼伏的议论声，原来是因为"在澡盆里吃芝士和通心粉没关系"引起了思维碰撞的火花。

　　"偶尔尴尬发窘没关系"，有孩子举手讲了曾经令她感觉很没面子的事情，同学们都跟她说没关系，自己也有过类似的情况；"自娱自乐地跳舞没关系"，逗得孩子们哈哈大笑。

　　犹如学校的学风"快乐灵活"，通过这一幅幅简单而又富有色彩的画面，引发孩子们思考，反思自己的行为，胜过平时的说教，何乐而不为？

好孩子，莫冲动

□ 刘新新

很明显，四年级的孩子相对于低年级的孩子来说越来越有自己的性格，有点自己的小脾气，甚至有的时候很难控制自己的情绪。比如，我们班的小林脾气急躁，总是一不小心就给老师惹了乱子，每天总是会有同学来告他的状，说他又动手打人了。其实同学口中的动手没有多严重，但我知道，这对于一个孩子来说并不是一个好习惯，必须改正。慢慢地，我开始观察他。接下来的两件事情，让我了解到他动手打人的原因：控制不住自己的情绪，脾气急躁。

第一件事：一次早操，所有同学走到楼下站好队伍准备进场，我突然听到有争执的声音，一看是小林正在和其他同学争吵。身边的人都说他插队，他在那里拼命地喊："没有！"我过去安慰他，并和他商量说站在哪里都没有关系，我们一起站到后面去。这时他的情绪很激动，坚决地和我说："我就要站在这里。"虽说最后还是把他拉去了后面，但是他的情绪很不稳定，甚至伤心地哭了。

第二件事：一次外校老师来讲课，课间在外校老师的身旁，小林和班长打了起来。我心里清楚，以班长的性格是不至于在外校老师面前惹事的，估计又是小林没有控制住自己的情绪，导致两人打了起来。拉开了两人，我严厉地批评了双方。班长坦然接受，可是小林似乎气还没有消，满脸的愤愤不平，以至于课堂上我想去看看他题目完成得怎么样他都会收起本子，扭过脸不想理我。我知道他并不是一个不懂得尊重老师的孩子，只是脾气上来了，自己很难控制。

通过这两件事，我发现对待小林这样的孩子声色俱厉起不到任何效果，所以我对他采取了以下几种措施：

发现他的优点，以表扬为主

其实小林同学除了脾气急躁、爱搞些小动作以外，数学课上表现认真，积极回答问题，而且很聪明，数学成绩也很不错。于是，我总是会趁此机会表扬他。我发现，每次被表扬后，他总是一副很害羞的样子。我让他自觉反思一下，自己有没有老师夸得这么好，是不是有哪里还做得不够好，能不能做到更好。为了这个目的，我一直坚持着。哪怕是帮同学捡了垃圾放到垃圾篓，我也会当着全班同学的面表扬他。慢慢地，我发现他更喜欢在同学面前展现自己了，主动帮助老师分担一些事情。虽然没有发现他在控制自己的情绪上有明显改善，偶尔还是会和同学发生一些小冲突，但是我觉得他的集体荣誉感和责任感变强了，这就值得！

冷处理

在外校老师面前和班长打架，并且不能坦诚地面对错误，就连老师的关心都不想正眼面对，我真的很生气，决定对他冷处理。那节课后，我装作很不在意并无所谓的样子对他说："对于你这种犯了错误又不虚心接受批评的做法，老师真的不想再说什么了，你这种行为让老师很失望，我以后都不会再批评你了。你冷静一下，如果有什么想和老师说的再找老师吧。"虽然他始终都没有找我说任何话，但接下来每次见面他都很惭愧地低下头，像是在向我承认错误一样。开始我装作什么都没看见的样子，可是接下来他总是靠近我说一些话，或者主动帮助我做些事情。好吧，冷处理结束，用微笑让一切都变得顺理成章，就像什么事都没发生过，他依然是老师心中的好孩子！

自尊心强，就给他足够的面子

小林是个自尊心极强的孩子，两次在同学面前严厉批评他后的强烈反应就足以说明这一点。所以在同学面前，我都是以表扬他为主。但教育是循序渐进的，不可能因为几次表扬就改掉以前养成的习惯，所以问题依旧会出现。我知道他自尊心强，所以没有在全班同学面前批评他，而是选择把他带到一个角落，并不直接严厉地批评，只是和他讲道理，苦口婆心地教育，直到他频频点头为止。我不指望能有立竿见影的效果，时间久了他自然会感觉到老师给了他多少尊重。希望以后他在做事情之前，也会相应地尊重自己的老师和同学。

和他共同承担责任，用真心感化

小林的错误依然会存在，我先对他进行教育，然后再要求他去和同学道歉。偶然间我想到了军训时因为一个孩子的错误，小队长和班主任被惩罚跑圈，孩子们痛哭的场面。随即就想到下次小林再犯错误，我就和他一起向其他孩子道歉。很显然，像他这种自尊心强的孩子还是很惭愧的。这种做法不是逢场作戏，而是因为自己班上的孩子没有教育好，就应该和孩子共同承担这个责任。

每一个孩子都是老师心目中的好孩子，用正确的方法引领，用真心付出，相信他们定会有所改变！

爱是最长情的教育

□ 刘新新

"**如**果你在任何时候、任何地方，留给人们的都是些美好的东西——鲜花、思想，以及非常美好的回忆，那么生活将会轻松而愉快。那时你会感到所有的人都需要你，这种感觉使你成为一个心灵丰富的人。你要知道，给永远比拿快乐。"

作为老师，能给予孩子们的不仅仅是知识，更多的是爱。爱就是最长情的教育，是最基本、最必要的！

爱由心生

一定不要随便给孩子们承诺，一旦答应了的事情一定要履行完成。千万不要用哄小孩的态度一次又一次地敷衍他们，因为他们是最聪明的，有没有用心和他们相处，是不是真心爱他们，他们都能察觉到。但是能用心地爱一个孩子并不容易，这不允许因为任何原因动摇甚至减少对他的爱……

班里的廖同学无论是课上回答问题还是课后和老师讲话总是笑眯眯的，一副可爱的模样，很是招人喜欢。但是他又很淘气，不时惹出一些事情。不过即使是这样，我依然很包容他，对于他的小错误也是鼓励多、批评少，还直言说自己挺喜欢他的。可是这个学期也不知道为什么，我越来越看不惯他身上各种各样的坏毛病：课上插嘴、课下打闹、做事没有规矩………很显然，他这学期几乎都在批评中度过，然而他却并没有什么改变。这时我开始反思自己：是用心喜欢廖同学了吗？如果我是发自内心地爱这个孩子，我还会这样批评他吗？我不会，我应该会用爱的鼓励教育他。所以，当我们给予孩子们爱的时候要用心，只有发自内心地爱才会收获孩子们的改变以及他们的爱。

爱的收获

之所以说给予更多的爱对于老师来说是最基本的，也是最有必要的，那是因为所有的教育都是以爱为前提的，没有爱就没有教育。

正因为有爱，我们才会互相理解；正因为有爱，我们才会团结互助；正因为有爱，我们才能组建相亲相爱的大家庭。

爱要有度

给予孩子更多的爱，并不是没有原则的给予，那便成了溺爱。班里有个这样的女孩，下了课总喜欢到办公室和我聊天，她很爱开玩笑，我也很喜欢她。但一次在课堂上，这个女孩很自然地和我开起了玩笑，玩笑我能够接受，但场合不对。课后我找到了她，和她谈。我说："老师的确很喜欢你，也很喜欢和你开玩笑，但这些都应该是我们在课后做的事情，而并不是课上。课下我们可以是朋友、是玩伴，但课上我仍然是你的老师。孩子，我们做什么事情都应该选择在一个合适的场合。"听了这话，这个小女孩再也没有这样做过。作为老师，我们可以给孩子更多的爱。但和他们的父母一样，爱要有度，以免造成溺爱，从而影响了孩子。

每一个孩子都是含苞待放的花蕾，需要我们用心地浇灌、爱护。终有一天，他们会在呵护与陪伴下绽放出绚烂的花朵！

从学会宽容到互相尊重

□ 刘新新

阳光下，一株株向日葵正欢乐地成长。或许，你们早就领会了向日葵朝阳的个性，但你们似乎还不清楚它们的生存与相处方式，它们和平共处、不骄不躁……

生生之间的宽容

我们的班级是向日葵中队，班上的孩子们具有积极向上、乐观开朗的性格。随着相处的时间逐渐增长，孩子们经常急急忙忙或者哭着来我的办公室告状："老师，他打我。""老师，他骂我。""老师，他拿我东西。"……刚开始遇到这种状况，我并没有想太多，也没有太多担心，只是向孩子们简单地了解情况，然后告诉他们这并不是一件大事，让孩子们互相道歉就结束了。久而久之，我发现这样的做法并没有让孩子们有所改变，告状的还是告状，原因同样是一些小矛盾。这时，我突然意识到这并不是一件小事，完全可以反映一个孩子与人相处的方式以及他的性格。于是一天课前，我问孩子们："你们每次和同学发生冲突都是因为什么？"孩子们纷纷说起，但显然都是一些小事。我又问："你们觉得为这些小事和同学发生争执值得吗？"孩子们回答："不值得。"我并没有继续问为什么，只是说："那你们觉得平时和同学应该怎样相处呢？""宽容、理解、体谅、互相帮助。""既然同学们都这样说了，请一定要说到做到，宽容待人。我相信你们一定能做到！"从那之后，告状的虽然还会有，但只是少数，经提醒后也都会欣然改变。就这样，我们渐渐地学会了宽容！

师生之间的宽容

一次课上，我不小心写错了数字，经孩子们提醒，我改正过来。回过头，我看到孩子们一个个鼓励的眼神，很是感动！我说："首先，老师要表扬你们，因为你们都有一双会发现的眼睛，能帮助老师发现错误；其次，你们发现老师的错误，认真地帮老师改正错误，感谢你们，同时谢谢你们的宽容！"

教师篮球赛，一个孩子说："老师，我先去帮你探探场地，打不好也没关系，我们不会嫌弃你，就像平时你对我们一样。"虽是一句玩笑话，却给了我莫大的鼓励。对于孩子们平时的小错误我宽容以待，作为回报的是孩子们对我的理解与宽容。

从学会宽容到互相尊重

无论是生生之间还是师生之间，都需要互相宽容。从宽容对待身边的每一个人开始，有了宽容的前提和力量，孩子们之间的相处将变得和谐融洽，少了几分争吵，多了几分尊重。虽然这条路我们走得很慢，但我相信，只要坚持，一定会成就一道和谐美丽的风景！

有任务的小芒果

□ 王 琪

春末夏初，校园里的芒果树开始结出大大小小的果子。长长的枝条挂着一个个翠绿欲滴的小芒果，圆润可爱，深深闻一下还有酸甜的清香，甚是诱人。每天孩子们上学、放学都会经过芒果树下，看着芒果一天天长大不免动了小心思，将掉在地上的芒果偷偷捡起来，留着把玩。更有甚者，地上捡不到就站到树的围栏上跳上跳下，看能不能打下一两颗来。"芒果收集行动"正在孩子们之间悄悄蔓延开来。万一从围栏上摔下来，后果难以想象。

我观察了几天，发现光是提醒并不能解决问题。孩子们对于新鲜事物总是充满好奇心，要改变他们的做法，"宜疏不宜堵"。

有一天送完孩子们放学，在回办公室的路上看到地上安安静静躺着一个小芒果，我把它捡起来，一时间心里有了主意。

午读时间，我带着这个小芒果走进教室，和孩子们有了下面一番对话：

我："你们知道这个小芒果是哪里来的吗？"

生："树上掉的！"

我："为什么它会掉呢？"

生："虫子咬的！""长得太瘦！""风吹的！"

我："是啊，那这个芒果掉下来之后呢？它该去哪里？"

孩子们陷入一片沉默……（是直接扔掉还是捡起来玩呢？好像都不是很对）

这时，我开始讲故事了："每一颗小芒果长出来都是带着任务的，有的运气很好，能在树上一直长到成熟，那么它的任务就是作为水果给人们吃。但是有的小芒果运气并没有那么好，还没成熟就掉下来了，那么它的任务就是回到泥土，给芒果树提供养分。很多植物都有这样的分工。'落红不是无情物，化作春泥更护花。'花瓣掉在地上,但它很舍不得原来的家,就把自己变成养分,让其他伙伴长得更好。"

孩子们听得入神。这时,我话锋一转:"可是,我们有些同学打断了小芒果去完成任务,把芒果带着自己玩,玩坏了就扔进垃圾桶。""对,对!那天××还把树上的芒果打下来。""他还把小芒果切破了!"孩子们开始相互"揭发",伤害小芒果的孩子不好意思地低下了头。

从那天之后,孩子们再也没有打过树上的小芒果,看到掉在地上的芒果也会捡起来放回花坛里去,让它们完成滋养大树的任务。看着一个个小小的身影,我为孩子们的懂事感到欣慰。"人之初,性本善。"孩子们很多看似闹腾的行为都是事出有因的,可能是好奇,也可能是好心帮倒忙,还可能是一时兴起。一切都应该了解事情背后的原因,从根本的观念上改变,而不是只着眼于具体的行为,"疏"比"堵"要更有效、更长久。

爱你的人，什么都知道

□ 谢 霞

"给妈妈做一顿饭"的作业我做不到

"**老**师，您布置的'给妈妈做一顿饭'的作业我……我可能做不到。"看着本就身材矮小的小星背着大大的书包站在教室外的走廊边，低着偏黄的小脸跟我小心翼翼地说话。

因为"三八"妇女节就要到了，所以我特意布置了这么一项作业，希望孩子们能借着节日契机说出对妈妈的爱。但由于这些天一直都在准备朗诵节目，一时疏忽大意忘了小星是一个特别的孩子——从小就由爷爷奶奶抚养。

站在三楼电梯口旁的我低头看着他，不敢表露任何神色："哦，小星可以给奶奶做一顿饭，你用心了，这个作业就算做好了。这个作业就是希望你们趁此机会好好表达自己对家中女性长辈的关心。"我下意识地悄悄看着他。

他暗淡的双眼瞬时亮了一些，后又泛起一丝担忧之色："可是，我在晚托班补习做作业，平时回到家就九点了，那时候奶奶都吃过饭了。"哦，原来是担心这个，我本悬起来的心放了下来："那没事，你可以换一种方式表达自己对奶奶的爱，比如给奶奶洗脚。"

话音未落，他似乎是轻松地呼了一口气，高兴地大声说道："哦，我知道了，谢谢老师！"然后朝我深深地鞠了一躬，招了招手说："老师再见！"

几缕温和的夕阳落在走廊边上，小星满脸兴奋地踩着夕阳往楼梯下走去。

他果然变了，变得跟以前不一样了。

老师，小星又没有做作业

"老师，小星又没有做作业！您能不能把他调到别的组去？"一个同学一脸鄙夷地看着低着头的小星，本就矮小的他此刻显得更无地自容一般。

"哼，以前就这样了，作业几乎都不做，好懒的！"另一个同学出声了。

大家纷纷将小星陈麻烂谷子的事翻了出来，越说越起劲儿，"讨伐"之声也越来越大，甚至有幸灾乐祸之感。

"能告诉我为什么不做作业吗？"低着头的小星听到我的询问后微微抬起了头，想张嘴却又不知说什么，喃喃自语一般。

于是我走上前去，打算再追问。

"老师，您还是别管他了，他就这样的，以前就这样，改不了的！"同学们纷纷说道。

我示意大家先安静，然后让小星课后到我办公室一趟。根据我与前一任班主任交接的情况来看，这个孩子的确是一直都这么懒散。

办公室有几位老师正看着书，这一安静氛围阻隔了室外孩子们的喧闹嬉戏声。我示意他坐在我身旁："你能告诉老师不做作业的原因吗？"

他看了看我，摇了摇头，只是轻声说道："嗯……老师，我下次不会这样了。"

似乎是来得太快的承诺都不那么容易被兑现或被坚持，我还没有采取任何措施，这孩子就"不打自招"自动领命了。"那你说说为什么这几次作业都没有做完？"我继续追问。

"老师，我会慢慢补。"

认错态度那么好？！我惊讶地眼镜都要掉下来了，心里问着自己："这是什么情况？这孩子不按套路出牌呀！"但依然镇定地说："嗯，既然你自己都意识到了不做作业是不对的，那就在课间把这几次的作业补交过来吧！"说完，他很有礼貌地朝我深深鞠躬，然后离开了办公室。

说实在的，若说他不好也不全是，因为这孩子待人特别谦虚有礼，还经常帮助其他同学值日打扫卫生，按理说不应该出现这种对自己不负责任的事才对，可偏偏就是他，让我有些捉摸不定。我跟其他几位老师说起这孩子的情况，大家叫我"静观其变"。

于是，我选择"按兵不动"。

我错了，他是石头变的

果然，没过两天，这孩子又欠交作业了。

小组长特别生气，因为作业收不齐会拖累小组被扣分。我让小组长试着鼓动其他同学帮助监督小星，自己则是跟小星爷爷取得了联系，询问孩子在家中的情况。

果不其然，这孩子回家就只知道看电视，从不主动做作业，爷爷奶奶对他是软硬兼施都无效。让我意想不到的是这孩子在家特别懒，从不帮忙做家务，就知道玩和睡觉，着实让我大吃一惊。看着爷爷皱巴巴的脸泛着铁青色，一脸恨铁不成钢地看着埋头站在身边的小星。

"谢老师啊，您应该也知道我们的情况，这孩子不争气啊，我们二老都要被气死了！本希望他能争点气，我们也趁现在还有能力为孩子挣点钱，以免我们要是有个三长两短……"说着，他竟然双眼泛起了泪光，老泪纵横起来了。

我的心疼了一下。都这样了这孩子还不好好收收心，为爷爷奶奶做些事，让他们省点心也好啊。我看了看小星，他只是抿了抿嘴唇，任凭爷爷唉声叹气地数落。

于是，我与小星约法三章：作业减少一些，但必须做完。小星也欣然同意了。因为下午放学后要等爷爷来接的缘故，我建议让他一下课就到我办公室来做作业，我好帮忙看着，也希望小星看到我忙碌的身影多少可以明白大家的苦心。

几日过去，这孩子果然收心了许多，作业情况也明显好了许多。每次爷爷来接小星时都感谢道："谢老师，实在不好意思，为了他，您把自己的时间都贡献出来了。"看看周边空空的位置，的确早过了下班时间。要让小星养成对自己负责的良好习惯，不是一朝一夕能完成的，但我希望我们的付出能使他改变一些。

但我错了，我忘了这个孩子看见年迈的爷爷为自己的事伤心流泪都无动于衷，更何况是我这个跟他认识不到几个月的老师。

估计他是石头变的。

从今天开始就给你你想要的自由

他的反复无常、顽劣随性使我心累了，但最让我伤心的事终究还是发生了。

"谢老师，我想问问你们学校的作业难道都是要在网上做的吗？为什么小星一回家就要拿手机，而且还要缴费几百块？！"那一天，我在组织规程队放学，小星爷爷气冲冲地拉着我大声喊道。当时我一脸惊讶，不解地看着他，又看着小星。我示意小星爷爷在一旁等着，自己先将孩子们送出校门，然后带着小星来到他爷爷身旁。

经过一番了解，原来小星打着英语"一起作业"（实则不需要付任何费用）的幌子骗取爷爷的手机玩游戏，还注册了自行车网。看着这几百块的账单，爷爷的双手颤抖着："我把家里的电视线都拔了，不给他看，这孩子是存心想气死我们！我们那么辛苦才挣几个钱，他竟然骗我们的钱拿去玩！我今天就把话撂在这里，小星，我告诉你，你要是再这样，我……我就带你回老家，我跟你奶奶就守着你！"说到这，小星猛然抬起头来，似乎在挣扎，却又低下头不说话。

他就是这样，时而一副可怜巴巴的样子，时而一副无所畏惧的样子。

后来，小星爷爷通过网络申请拿回了自己的钱。在处理完这件事之后，我仍旧让小星到我办公室做作业，或者是在教室做作业，等爷爷来接。只是，我没有再苦口婆心地劝说。渐渐地，他不仅不来我办公室了，上课竟还打起瞌睡来。

有一次上课，我将睡眼惺忪的他叫起来回答问题，他一脸茫然还打着哈欠，我真的感觉自己所有的付出都付诸东流一般，甚至感觉自己的身体都颤抖了。我强忍着怒气，让他去洗手间洗把脸接着回来上课。

下课后我让他到我办公室。"你说，你到底都干了什么事！小星，你是没有心吗？你看不到爷爷奶奶为你付出那么多，头发都花白了吗？你看不到老师为了你几乎每天都留在办公室陪着你做功课吗？你是不是觉得我们是自作自受、多管闲事？"刚进办公室门我就扛不住内心的怒火，一股脑儿地全冲他倒了出来，"如果你不想学了，那你现在就告诉老师，从今天开始就给你你想要的自由。"

他还是默不作声，那一刻我感觉自己成了一个跳梁小丑，他彻底消磨了我的耐心。

我依旧叮嘱他放学后留下来做作业，只是留与不留取决于他自己。好几次我都看见他留了下来，但留下来却只是在玩耍。我无奈地摇了摇头，感觉自己还是自作多情了些。

老师，我做了一架牙签桥

寒假作业中有一项是要孩子们做创意手工，但我们班的孩子却只拿一些纸杯、纸盒蒙混过关。去年用纸杯做台灯，今年又用纸杯做传声筒，仿佛所谓创意都为纸杯而生。

我失望地看着孩子们说："你们真该去看看别的班级，他们多有创意啊！"大家都低着头不说话。说真的，我最不喜欢的就是他们这样，一有什么事情就低着头不说话。

"老师，我做了一架牙签桥，"一个熟悉的声音传了过来，"下午可以带来。"是小星！我看着他，大家也都看着他。

我愣了一下，有些不可思议地说："好啊，那你下午带过来！"

紧接着，另一个孩子也说道："老师，我也做牙签桥，我也可以下午带过来。"

就这样，我们班的创意作业终究还是交齐了。

"老师，我画了几幅画您要不要看看？"下课后，小星从教室追了出来，手上攥着一卷纸。

我不可置信地看着他，许久才说："好啊，让老师看看小星的作品。之前就听爷爷说了，你很有绘画的天赋！"然后，我们在走廊一起欣赏他的画，不懂画的我对着他的画说起了自己的见解。

不知为何，他开始变了，变得让我有些惊讶和感动。

老师，您会不会不管我

"老师，您会不会不管我？"

"你希望我管你吗？"

"嗯……"

或许，我早就喜欢上这个孩子了，只是我一直不知道而已。在他身上，我看到了与旁人不同的星光，挣扎中的星光。

"小星，昨天你给奶奶洗脚，奶奶开心吗？"我私下问了问小星。

他一脸羞涩地回答："嗯，奶奶很开心。"

"老师希望你能够坚持下去，别再反反复复了。不然，爱你的人会失望难过的。"

有效沟通，陪伴成长

□ 徐亦昕

> 如果你希望成为一个善于谈话的人，那就先做一个致意于倾听的人。
>
> ——戴尔·卡耐基

预备铃刚刚响起，女孩C扶着泪眼汪汪的女孩B来到我的办公室。我注意到B正用手捂住腹部，立马起身带着她们向校医室走。C激动地向我反映："刚刚男孩A不知为何一阵风似的冲向我们，B的背刚好被他的头撞到，B往前倒的时候肚子撞到了桌角！"我先让C回教室上课，然后一边想着等一会儿如何教育A，一边陪着B慢慢走向校医室。经过校医的初步检查，B没有外伤。休息了一会儿之后，B告诉我她感觉不疼了，可以回教室上课。我看着B脸上的泪痕，心有不忍，问她最近有没有和A发生过冲突，B仔细回忆了一番还是说没有。我陷入了沉思……

我带（6）班已经一年了，A是一个聪明得让老师惊讶又顽皮得让老师头痛的孩子，特别是被老师当众批评或被周围同学指责后，他不仅不愿意承认错误，还会趁老师不注意继续捉弄其他同学。我一直在探索与他进行有效沟通的策略，直到看到《如何说孩子才会听，怎么听孩子才肯说》这本书。我将书中的沟通技巧运用到实践中，发现这种爱的语言的确可以使孩子更容易接受老师的要求和忠告。

下课铃一响，已经冷静下来的我走进教室，同学们立刻七嘴八舌地控诉起A来：

"徐老师，我看见A撞B！"

"徐老师，A没有道歉，也没有扶B起来！"

"徐老师，我也看到了全过程，A当时还撞到了D！"

我示意他们安静，然后喊了A的名字。可他似乎没有听见，继续在纸上画着什么。于是我走近他，看了一眼桌面上的纸，上面是一团杂乱无章的曲线。我轻轻地说："A，去我办公室聊一聊吧。"A缓缓地站起来，跟着我走进了办公室。

第一步：倾听并且回应孩子的感受和需要。

我："从开学到现在，徐老师对你的表现一直挺满意的，这一点周围的老师都可以作证。你能告诉我刚才发生了什么吗？"

A："L老师说只要这节课表现好，下课就有抽奖的机会。我争取到了，可是他们一直围着老师，又很吵，老师听不到我说什么，也没有让我抽奖。"

我（回应他的感受）："我想你当时一定很着急。"

A："是的，他们特别烦，明明没有抽奖机会还围着老师！"

我（帮助他分析动机）："所以你撞过去的时候，一方面是想让他们别围着老师，另一方面是想让老师注意到你，对吗？"

A："是的。"

我（弄清楚还有哪些地方他想要补充）："他们围着老师是做什么呢？平时抽奖前也会有人找老师吗？"

A："当时他们正在让老师检查作业。平时也有同学问问题，但不会拖到快上课时还没抽奖。"

我（总结他的想法）："平时你就经常等待抽奖，而今天却一直等到快上课时还没开始，你很失望。"

第二步：说出我的感受。（尽量简短）

我："看到B受伤，我很难过。"

A听完这话，默默地低下了头。

第三步：邀请孩子一起寻找解决方案。

我："虽然B说自己已经不疼了，但她看上去还是不开心。我们一起来想想看，怎么做才可以既让B开心一点，又满足其他同学与老师在课间的正常交流，还能缩短你等待抽奖的时间。"

第四步：写出所有的想法，不要对想法的好坏做评论。（最好让孩子先来）

A："说服老师把抽奖放在第一位。"

我："我把它写下来，还有吗？"

A："下一个课间去老师办公室抽奖。"

我："好的，还有吗？"

A："建议老师选一个同学管理抽奖箱，老师没空时可以让这位同学监督大家抽奖。"

我："那如何让B开心一点呢？"

A（沉默了一会儿）："和B道歉。"

我："同时还要和周围的同学表达一下歉意。"

第五步：挑出彼此都接受的想法。

我："首先我不赞同第一个想法，课间同学们向老师请教是很正常的师生交流，让位于抽奖并不妥当。"

A："其实我没有耐心等到下一个课间，我特别想抽到礼物。"

我："看来你也知道自己是急性子，所以我们不妨试试你说的第三种方法。你会主动向老师提建议的，对吗？"

A（犹豫了一会儿）："那我试试吧！"

第六步：师生为所达成的共识握手。

我："我们已经达成了共识。来，握个手吧！我们一起去找B和解，再和其他同学说明原因，好吗？"

A："好。"

我们一起找到了B，A扭捏了一番还是向B九十度鞠躬，并说了声"对不起"。在我的印象中，这是A最诚恳的一次道歉。我想B也看出来了，她轻轻地说了一声"没关系"。下一个课间，教室里又充满了欢声笑语。

我在脑海里一遍遍地回想这件事，孩子心里的委屈真的会因为老师的理解和尊重而释然。假如我听完C的反映，二话不说冲到教室里质问A："你为什么要撞B？"那么A肯定会把全部注意力放在自我防卫上，之后也不可能向我吐露心声。作为老师，要先孩子一步冷静下来，倾听并尊重孩子的想法，和他分享自己的想法，并邀请他一起寻找解决的方案。孩子主动参与了问题的解决，会有更多的勇气和动力实施，这样有助于他成长为一个有担当的人。

俗话说："授人以鱼不如授之以渔。"孩子在生活中会遇到各种各样的问题，我们不可能一一为其解决，通过和孩子一起寻找解决方案，不仅可以教给他们处理现阶段学校中面临的问题，还可以向他们传递沟通之道。"心中有爱，就能化解一切矛盾。"

告诉孩子：我在

□ 叶小美

　　"叶老师，您在吗？"

　　"我在。"

　　这是属于我们师生的世界。我在，在你每个需要陪伴的时刻。

——题记

　　敬学习能力不强，接受知识的能力较弱，是一个格外需要关爱和鼓励的男孩。我们最后一次见面是在学校门口，他的妈妈领着他向我做最后的道别，他一步三回头地向我招手，嘴中轻声地呢喃着："叶老师再见，叶老师再见……"眼眶湿润的他默默地倾诉着内心的依恋和不舍，而那娇小的身影写尽了挣扎和无奈。他离去的背影是我今生难忘的风景。

　　以前他总是笑着跑到我的办公室，站在门口弱弱地问一句："叶老师，您在吗？"其实我的办公座位就在门口处，不用进门就可以判断我是否在。但每每听到他这样特别的"报告"，我也习惯性地停下工作，转身微笑着对他说："我在。"他便怯生生地开始跟我说一些平凡微小的事：花坛上的吊兰开出了白色的小花；书架下的黑色足迹是蜗牛留下的步伐；电线上的小鸟可能找不到家了……一开始我并未留意这些平凡的事，后来才明白，微小的事物才显露出生活最美的姿态。

　　操场的前面有几棵很大很大的树，我在这儿两年多了都不知道是什么树，也从未去问过。有一段时间，他总喜欢带我去树下，拾起一片叶子对我说："是不是很漂亮？"我看了一眼，其实真没看出这片枯叶有什么特别的地方。旁边的孩子脱口而出："地上那么多叶子，不足为奇啊！"话音刚落，他瞬间露出黯淡失落的眼神。我蹲下身子，接过他手中的枯叶，轻声说道："敬敬真棒，你这是发现美丽！世界上的叶子多不胜数，但每片都是不一样的，都是特别的，就像它，虽是一片枯叶，可那破碎的美丽总是耀眼的！"我一边说，一边将叶子凑到其他孩子的眼前。后来有一天，他将那片叶子再次拿到我的眼前，我都没认出来，因为它只剩下了脉络，那清晰美好、薄如蝉翼的脉络。他递给我，说："叶老师，送给你，这是破碎的美丽，怎样？不错吧！"我呆呆地看着那片只剩脉络的残叶，忽然觉得原来一切都那么美好。

校园中每个班的花坛都种着许多知名或是不知名的小花，敬敬尤爱金黄色的那种。把它夹在书中，等到它变得又干又扁后拿出来炫耀："你看，就算被夹得又扁又干，它还是金黄色的，所以我很喜欢。"说完哈哈大笑，留下天真与稚嫩的笑脸。我想，我永远也不会忘记那种纯粹的笑容，那是留给老师心中的一种感动。

又一片叶子飘落，我凝视着那片从光秃秃树干上滑落的枯叶，曾经那么熟悉，如今却略显陌生。开学了，一周的时间，一切仿佛都没变，可树下拿着叶子东奔西跑的俏皮人儿已然离开；一周的时间，一切仿佛都没变，可站在办公室门口的特别"报告"已经销声匿迹……我翻起新华字典，里面静静躺着那朵又干又扁却依旧颜色鲜艳的小花，指间轻触它弱弱的花瓣，怀念着我们师生之间曾有的故事。

光阴不懂人情，竟自流转，然而我们内心终有些撇不清的东西，留在了逝去的时光里，亦如远去的背影，湿润了心田。是的，爱也需要留白。在孩子成长的路上，老师只是一段旅程的陪伴者，终究要学会放手，甚至还要在孩子背后推一把，将他推向未来，那里才是他真正需要闯荡的大世界。敬敬虽然转学了，但我还是想跟他说："我在，在你每个需要陪伴的时刻。"

虽然前路"知交半零落"，然而灵芝园里温暖相伴的点滴已悄然镌刻进用心拥抱生活的老师和孩子们的生命里。

少年何忧愁

□ 张　萍

小小少年很少烦恼
眼望四周阳光照
小小少年很少烦恼
但愿永远这样好
一年一年时间飞跑
小小少年在长高
随着年岁由小变大
他的烦恼增加了

小小少年，无忧无虑，天天乐陶陶。孕育在温室里的花朵，有学校这棵大树庇护，还有家庭的滋养，少年何愁？少年何忧？成长的路上虽有磕磕碰碰，只要向阳生长，终能开花结果，甚至长成参天大树。然而，既然要成长，注定要面对各种挑战。

"老师，他之前打过我！"

"老师，他之前推过我！"

"老师，他之前拿我的东西！"

"老师，他先打我我才踢他的！"

"他们老是在那里说我，我很烦、很烦！"

小小少年局促不安地站在那里，双手不停揉搓，眼神很飘忽，不时透露出无辜的光彩，白皙的脸庞显出一副很委屈的样子，可能是气还没有消下去的缘故，呼吸比较紧促，整个身子一抽一抽的。"明明是他们先惹我的。"一句话解释了闯祸的原因，紧接着就是无声无息的冷战，嘴巴抿得紧紧着，一言不发，倔强得像一头小驴，摆明一副"你说你的，我没错"的态度。偶尔小脑袋耷拉下来，脱口还是那句"他之前打过我"，然后依旧无声无息地对抗到底。很多时候，老师面对一座万年冰山捶胸顿足，无奈节节败退、黯然神伤，一句"你回去吧"草草结束了一场没有硝烟的战争。第二天类似的事件重现，老师的耳边充斥着孩子们对他的投诉，而他行为如旧，但老师却身心越发疲倦，时刻怀疑人生。

　　面对这样一头小倔驴，我软硬兼施，时刻做好战斗的准备，但是成效不大，反而出现了一阵怪象：同学的铅笔盒在垃圾桶里、放在桌面的笔不翼而飞、笔头被人折断，甚至是水瓶散落在地上，溢出的水弄湿了一大片地板……类似的事情数不胜数，逼得我名侦探柯南上身，做起了侦查工作。那天下午大课间，孩子们都在教室门口跳绳玩耍，享受自由活动的乐趣。一个黑影掠过，悄悄溜进教室，速度之快令人咋舌。我心想："终于等到这个机会！"于是快步冲进课室，眼前为之一震，果然还是他！小小少年拿着同学的书包正准备往垃圾桶倒，猛地回过头，那一瞬间我们俩眼神对接，风驰电掣，空气顿时凝重起来。正当我准备好迫击炮一样的说教时，随后的一秒瞬间冷静下来。只见少年无力地松开手，书包缓缓落地，"嘭"的一声，他的眼神飘过一丝恐惧，整个脸唰地一下红了，身体紧张到微微抖动。那一刻我的内心非常矛盾，是抓住这个机会狠狠批评还是让步给孩子台阶下？原地挣扎了好一会，最终放弃了啰嗦乏味的说教，一句话也没说，静静地离开了教室出去看跳绳。随后，少年也悄悄溜出来，混在人群里玩闹，不时偷偷回头瞟我几眼，但避免跟我眼神接触。大课间结束后，我欣喜地发现之前被少年丢在地上的笔已经捡起来了，班里也没有报告说东西不见。而少年则坐在座位上，一副很心虚却还是装作若无其事的样子。一场小小的风波就这样平息了，没有过多的言语，没有过多的冲突，在一次无声的让步中结束了。

　　后来通过课间休息的闲聊了解到，前几天课间，小小少年突然被后面的人推了一下，原来是A同学和B同学玩闹时没看清楚直接撞到他，少年一时不服，气得直接踢了他们俩。A同学和B同学莫名其妙被踢，就联合起来还手。小小少年寡不敌众，只能默默认栽，但总觉得不能白受委屈，于是通过各种方式进行小小的报复，比如课间偷偷去踩A同学和B同学的椅子，趁大家不注意偷偷折断他俩的笔头，最后的丢书包计划因为我的介入而以失败告终。小小少年心思缜密，整个"作战"计划持续一周，执着的心态令人震惊。如果说孩子都是天真烂漫的天使，那我遇到的小小少年应该是个黑天使。但是黑天使也有过人之处，爱阅读、画画一流，不捣蛋时也是自带光环的白天使，只是在处理同学之间的摩擦时倾向于采用一种过激的方式。

　　小小少年始终带着一种不安全感和不稳定感。幼儿时期由阿姨抚养，后又因为父母工作忙碌早早地被送去幼儿园，成为幼儿园的"老油条"。长期的不稳定感影响着他对同学之间关系的判断，"他推我一定是故意的""他说我肯定是不喜欢我""他们俩合起来欺负我"，这种潜意识让小小少年坚信必须通过伤害那些"故意"惹他的人来扳平，借此保护自己，同时又能得到老师和家长的持续关注。很多时候，我们很容易对这些捣蛋行为表现出公开的厌恶，试图通过长篇大论的说教来让他顺从，让他知道自己的行为有多么恶劣。殊不知，在势均力敌、针锋相对中反而会两败俱伤。小小少年的不稳定感逐渐衍生为对学校和老师的不信任，更加深过度自我保护的欲望，从而出现了很多类似"之前他故意打我，所以我才……"的事件。面对敏感多疑的孩子，很多时候我都是采取"先处理情绪，后处理事情"的态度，顺着他的思路走，让他知道我明白他的用意。然后给他一些时间缓一缓，让他看书、写字或者画画转移注意力，再找个合适的时间在轻松的氛围里慢慢分析整个事情的原因，让他明白其实大家都是无意的，没有所谓故意，就算有也可以用语言表达出来，告诉他们这样不好，我不喜欢或不开心。如果无效，也可以寻求班干部和老师的帮助，逐渐让他明白"我很重要，我不能伤害别人，因为他们会因为我难过"，而不是"我很重要，我的朋友不能伤害我"的道理。学会换位思考，无论对孩子还是老师都是至关重要。润物细无声，在悄然的互相理解和尊重中，小小少年也慢慢地融入班集体，与其他同学和睦相处。

　　时光匆匆，恍若行云流水，恰如弹指一挥间，转眼便已随风轻逝。谁说少年无忧愁？生活的波澜常有，小小少年也需乘风破浪，迎接新一轮朝阳。

小小少年很少烦恼

无忧无虑乐陶陶

但有一天风波突起

忧虑烦恼都到了

一年一年时间飞跑

小小少年在长高

随着年岁由小变大

他的烦恼增加了

啦…啦…

做情绪的主人

□ 张文宇

乱发脾气是孩子比较常见的现象之一。从心理学的角度来看，乱发脾气是孩子意志薄弱、缺乏自控能力的表现，其主要特征是想要什么就得给什么，想干什么就干什么，不达目的决不罢休。

孩子乱发脾气与其自身心理因素有关。一般来说，有情绪问题和行为障碍的孩子容易乱发脾气。如多动症的孩子自控能力差，情绪稍激动就头脑发热，与人争吵或动手打人；自卑的孩子也容易乱发脾气，有自卑感的孩子倾向寻求自卑的补偿方式，一旦受到挫折，他们就会把暴躁行为作为一种自我保护的工具、一种防御措施，以此来缓和自身心理的紧张状态。

孩子乱发脾气与家庭因素有关。有的家长以打骂为主，当孩子犯错时，不分青红皂白地指责，使得孩子产生抵触情绪，一旦这种情绪无处发泄，就会转嫁到别人身上，逐渐形成暴躁行为。家长的溺爱和无原则迁就也是促进孩子乱发脾气的温床，这种教养方式使孩子产生一种心态，即"我想做什么就做什么，谁都管不了我"，久而久之，必然助长孩子乱发脾气的性格。

孩子乱发脾气还与环境因素有关。心理学家班杜拉通过一系列实验证明，孩子模仿能力强，是非辨别能力差，常会受到一些负面影响，如果没有人及时正确地指导，极易造就乱发脾气的性格。

小炎是一个聪明的孩子，喜欢思考，热爱数学；小言是一个思维活跃、表达能力特别强的孩子。小炎性格比较冲动，小言喜欢说人的坏话，所以二人时常因为一些小矛盾引发冲突。

有一次体育课后，突然有同学跑进办公室报告："张老师，小言和小炎打架了！"我立刻过去把他们分开，并把他们叫到办公室问："为什么打架？"

小言抢着回答："是他先打我的。"小炎急着解释："是他先嘲笑我！"我继续问："为什么嘲笑你？"小炎很生气："我体操动作没做好，他就在一旁嘲笑我、数落我，说我的不是！"我接着问："然后呢？"小言低着头斜着眼看了小炎一眼，说道："然后他就打我，我们两个就打起来了。"

听完两个孩子的辩解，我做了以下措施：

转移孩子的注意力，平复情绪

情绪激动的孩子无法听明白道理，应设法转移孩子的注意力，从而使孩子的情绪得到转换，情绪平静下来，再给他讲道理。比如说"好的，老师已经明白你们两个打架的缘由了，现在大家都累了，先坐下来喝点水"。

用奖惩的方法矫正孩子的脾性

当孩子情绪稳定后，老师应引导孩子明确自己的错误，并加以改正。对于一些孩子固执地乱发脾气，可以进行适当的惩罚。而当孩子有所进步，如同样一件事孩子以前会乱发脾气，现在不再乱发脾气或发脾气的程度减轻了，老师要及时给予表扬和鼓励，希望孩子能继续坚持下去。久而久之，正确的行为得到巩固，错误的行为便会逐渐消除。比如说"下次遇到这样的事情，我们可不可以换一种方式解决"，引导孩子思考换一种方式处理，对提出较温和方式解决的孩子及时进行表扬和鼓励。

把握一切机会对孩子进行教育

老师可以利用课间的时间和孩子一起聊天。人有很多的愿望是无法实现的，我们必须学会控制自己的欲望。每个人都有优点，也有不足，我们要接纳他人的优点，也要接纳他人的缺点，能容人所短。当孩子明白了这些，他们就会对事多一些平淡，对人多一些宽容，主动控制和调节自己的情绪，逐步改掉自己乱发脾气的习惯。

创造一个平静的环境和氛围

孩子在安安静静的环境中会逐步受到陶冶，不容易产生冲动的情绪。老师应有意识地加强自身的人格修养，心平气和地处理事情，特别是当着孩子的面更需要心境平和、处事大度。老师的情绪稳定，孩子的情绪一般都比较健康；反之，孩子的情绪容易暴躁。

用爱化解孩子的冲动情绪

面对乱发脾气的孩子，老师一定要保持冷静，用爱化解孩子的冲动，因为老师的狂躁只能使孩子变得更加狂躁。要想使孩子安静下来，应该温柔地与孩子对话。如果孩子在叫嚷，那么老师则不宜和孩子一样叫嚷，因为这样会使孩子的火气变得更大。老师应注意简化自己的语言，平静地和孩子对话。

教孩子用正确的方法发泄自己的情绪

宣泄是指当遇到烦恼、挫折、愤怒时，把不愉快的情绪通过其他途径发泄。小学时期的孩子正处于生长发育阶段，生活的经历和能力是非常有限的，常常不知如何表达和平衡自己的情绪，所以老师要告诉孩子在什么样的情况下以怎样的方式表达自己的愤怒才是最合适的。

与家长沟通

对于一些经常发脾气的孩子，可以与其家长进行沟通，以便对孩子进行有针对性的教育。

通过一系列的措施，现在的小言和小炎进步很大，逐渐学会了控制自己的情绪，做情绪的主人。

读懂童心，呵护童心

□ 邹小苑

童心就像一张白纸，有待于我们精心描绘；童心就像含苞待放的花蕾，需要我们细心呵护；童心就像草地上的秋千，永远有很多故事发生；童心就像机器猫胸前的口袋，藏着很多神秘……

又是一个美好的早晨，阳光明媚，鸟儿在枝头欢快地歌唱，我欣赏着优美的校园歌曲，踏着轻快的脚步走进办公室。级长一见到我，表情立刻变得严肃起来："邹老师，跟你反映一件事。昨天下午，因你学习去了，你班的小钟同学把谢老师气得半死。"我一听，紧张起来。"因为什么事呢？"小钟表现不错、成绩也中上，还是学校篮球主力。级长说："因为他串到别的班，谢老师把他拉出来，带到了办公室。他还跟老师顶嘴，反问为什么不能进别的班，又没有影响教学秩序。"

我找了两个班的部分孩子了解了情况，然后找谢老师了解事件的具体经过，再找小钟的家长了解近期孩子在家的表现情况。从家长口中得知，小钟这几天在家也常常发脾气。最后才找到小钟同学，虽然是第二天，但我还是能感受到小钟同学情绪不太对，满脸愁容。

"小钟，老师想找你聊聊。看你脸色不对，有没有什么事需要我帮忙。"我拍了拍他有力的肩膀。

小钟迟疑了一会，"我——"他欲言又止，眼眶湿润了，"我近来很烦躁，好像每个人都针对我，跟我过不去。昨天你不在，我还跟（1）班的班主任发生了矛盾。"他整个头埋得更低了。

"小钟，事情发生了，不管对错，我和你在一起，勇敢去面对，有错认错，没错认理。我也略知一二，但每个人反映的经过不太一样。这样吧，趁现在还没上课，你作为当事人把整个事件的经过写下来好吗？"小钟同意了。

从小钟对事件过程的叙述来看，他认识到自己不应该随便进别的班，更不应该与老师顶嘴，要尊重老师。

午读的时候，我把小钟单独请到小房间，与他面对而坐："小钟，针对这件事，首先老师要表扬你，敢于表达自己的所思所想，心中有真理、有原则，老师为你高兴。其次，事情发生后，你心中有委屈，但积极面对，这是好事。最后，你的写作水平不错，对发生的事情经过描述得很详细，让读者仿佛置身于第一现场。"我认真地说。处理这件事，批评是少不了的，但批评不是声色俱厉、大发雷霆，如果没有引起孩子心灵的震动，未击中要害，这种批评是吃力不讨好的。批评是教育的手段，不是根本目的。批评可以转化为对整个事件的分析和建议，转化为对孩子的理解，甚至变为表扬。

一个孩子犯了错误，如果知道自己有错，老师就不必再强调他错了，教育孩子的真正目的是引起孩子的自我教育、自我批评。我接着问小钟："这件事你还有没有需要解释的？"小钟说："我看到谢老师很生气，我也很生气，还大声地顶撞老师，我当时情绪太坏，没有控制好自己。"我严肃地说："老师说一句你更大声地顶一句，态度之蛮横、之恶劣震惊四座，把老师气得脸色发白、心痛不已。你当时为什么无法自控？心里想什么？""当时我看到您不在办公室，又有好多同学在办公室外面看热闹，我就越想越生气。我现在很后悔，本来是一件小事，却越闹越大。"

"孩子，经历是一笔财富，挫折是一种磨练，都可以让我们成长 。如果下次再碰到类似事件，你会如何应对？"

"我会先反思自己，承认自己的错误。"

"是的，我们要尊重每一个人，善于调节情绪，有理不在声高，真理越辩越明，还可以把自己的想法与对方交流。邹老师有几句话与你共勉：有格局的男孩面对突发事件和无端指责，能够控制自己的惊恐和愤怒；有格局的男孩勇于承认自己的错误，懂得从自己身上寻找问题的原因，不会推脱责任；有格局男孩当进则进、当退则退，稳重沉静，坚韧不拔，泰山崩于前而面不改色。"

孩子的世界是多彩的，童心需要老师的关爱、呵护、引导和激励，让童心飞扬！

关注成长，享受喜悦

□ 邹小苑

埃里克森人格差异理论中提出："儿童人格的发展是一个逐渐形成发展的过程，每个阶段都涉及一个积极选择与一个潜在消极选择的冲突。如果个体能够成功而合理地解决危机和冲突，就会形成一个积极的人格特征。反之，就会向不健全的方向发展。"

"邹老师，小钱又没交作业，还骂我狗拿耗子多管闲事。"班长满脸委屈地找我反映班里面最令我头痛的小钱。开学至今，小钱从来没交过数学作业，课堂上目光游离，不是呆呆地盯着天花板就是找旁边的同学说话，又或者悄悄地看课外书。但他很聪明，考起试来从不会让人失望，还向同学炫耀："小学的数学知识我看看书就懂了，其他科目也是这种情况。"

"冰冻三尺非一日之寒。"小钱不交作业的习惯由来已久，若想一朝一夕改掉不是一件容易的事。他从小在奶奶身边长大，一直缺少父母的关怀，我应该多给他关心和爱护，让他从心底里信任我，只有这样他才能接受我的建议并付诸实践。开学初我下定决心，一定要帮助他改掉这个坏习惯。我翻看了他的个人信息档案，发现过几天是他的生日。生日那天，我精心制作了一张贺卡，并附加一套数学学习工具袋作为生日礼物送给他。他收到我的礼物时很是惊讶，害羞地说了句"谢谢老师"就离开了。让我意外的是，第二天他的数学作业如期上交，字迹工整。

接下来的一个星期，放学后我陪着他写作业，耐心地对他做错的题进行分析，一步步引导他将作业完成。他由最初的不耐烦变为内疚，不好意思地跟我说："老师你真好，这么认真负责。"我拍着他的肩膀说："帮助你是老师的责任，按时做作业、交作业是你的责任。还有，老师一直缺少一个得力的数学课代表，你推荐一个合适的人选给我好吗？"小钱不假思索地举起手："我来！我来！"

"邹老师，我的试卷为什么被扣了3分？这题是对的。"小钱同学一脸疑惑，着急得人没到声先到。

"邹老师，今天小张的作业没带、小王的作业还有一道题没写、小高的作业画图没有用铅笔。"

"同学们请听我说，这道题我是这样想的……"

……

自从小钱当了数学课代表，做事认真负责，上课积极参与，像变了一个人似的，期末考试时成绩优异。

首先，数学课代表的委任充分体现了老师对孩子的信任，激发了孩子的学习潜力，调动其学习积极性；其次，通过做课代表的机会，与老师经常接触、交流，便于老师有针对性的辅导和个别培养，能够促使孩子弱科的迅速提高；再次，大量教育实践证明，亲其师而信其道，孩子偏科的成因多起源于和老师的不沟通。在与任课老师的密切交流中，能很容易地和老师建立良好的师生关系，形成良好的师生氛围。

小学阶段是培养勤奋感和自信感的关键期。如果孩子在学习、生活、游戏中能够获得成就和成绩，并因此得到家长和老师的认可和赞许、支持和鼓励，获得成功的体验，勤奋感和自信感就会加强，形成乐观进取和勤奋的人格。反之，如果教育不当，或屡遭败绩，受到冷漠对待，就会形成自卑人格。

孩子的成长是我最大的快乐！

野草和春风

□ 钟 颖

我的电脑桌面壁纸是一张照片，是孩子们一年级入学第一天的合照，非常珍贵，也非常有意思。当时的他们还是一个个小不点，没有经过任何的雕琢和渲染，由于是偷拍，这张照片上的每个孩子都在镜头前释放着他们内心深处的那股本能。有的孩子在折纸；有的孩子在玩小东西；有的孩子在放肆大笑；有的孩子在座位上根本坐不住，得站起来玩才尽兴。这是一张看不够的照片，每一个孩子都是那么的独特，提醒着我每一个孩子行动背后的本真。

一年级入学第一天的抓拍照片

爱哭，但纯净、温暖地爱着这个世界

轩轩是一个很爱笑但更爱哭的女孩，情绪非常多变，一点小小的事情都会被她无限放大，突然变得不开心然后痛哭一场。一开始，我每天都要花不少时间去抚慰她阴晴不定的情绪，后来慢慢发现，这个爱哭的女孩心地很善良，心思非常细腻，经常能看到一些别的孩子注意不到的细节。她会为削笔刀做一个小房子，会为老师制作一个方便使用的书签。在领养班级的植物时，她还为那一盆小凤仙做了植物观察日记，花朵和叶子们有什么变化了，她都记在这本日记上。这是多么纯净的心灵！她会关心身边所有的生灵，细腻地发现别人看不到的美好。只要她眼中的世界是温暖有爱的，爱哭爱笑都是她热爱这个世界柔软的表现，笑完哭完都会有不一样的收获，那么爱哭一点又有何妨呢？

昆虫巨人

小海总是没办法集中注意力，只要有一点小东西影响都要四处观望，无法控制自己。无论是课堂上还是课间，一件简单的事情要三番四次地提醒才对他有效果，他的眼睛和耳朵都是放空的，反应很慢。但是我慢慢发现，他的状态并不是放空，而是在观察。他对昆虫的世界入迷，愿意花很多时间静静地观察一只也许只是路过的昆虫。我曾听到他大声制止一位正在跑步的同学："等一下，你差点踩到小虫子了！"那时我突然发现，这个孩子也许行动不够敏捷、长得比较弱小，可是在昆虫的王国里，他就是一个巨人！他能说出各种各样昆虫的学名，在一次以观察生物为主题的作文写作中，他洋洋洒洒写了五六百字，我在班上展示给其他的孩子看，孩子们给他起了个新名字——昆虫巨人。我们身边有这样一个昆虫巨人，就算他反应慢一点又有何妨呢？

未来的小诗人

小同是一个不爱表达、害羞内向的插班生。一开始小同的表达能力让我担忧，说话好像总是抓不住重点，让人揣摩半天。偶尔一次，我发现了他放在桌面的诗集，拿起一看，我惊呆了——这全是他自己写的小诗！一首首诗用毛笔撰写，虽然书法一般，诗歌也未必篇篇佳作，但是他对语言文字的把握、对诗歌押韵的应用、对每一个用字天然的灵感都让我惊叹！我开始愧疚，这样优秀的孩子我居然还以为他有语言文字上的障碍。我在班上展示了他的诗集，小同立马变成了全班同学的偶像，别提多受欢迎了。我们身边有一个未来的诗人，就算说话模糊一点又有何妨呢？

这样的故事还有很多很多，比如刚才提到的照片中唯一一个坐不住的男孩，他是我们年级短跑的金牌获得者，每年的运动会都拿着金牌和校长合影，精力充沛的他就算偶尔无法安静又何妨？坐在那里安静折纸的女孩是美术队里的得意门生，想象力天马行空的她就算偶尔在作业上涂鸦又何妨？

入学时的孩子们乱糟糟地各做各的小动作，到了现在依然如此，自信地做着他们爱做的事情，但这就是我想给他们的人文。我重视他们所爱，我尊重他们所爱。整齐划一的表扬在我眼里变得不再那么重要，因为"人文"两个字决定了每个孩子都是独特的。

"野火烧不尽，春风吹又生。"如今这一株株小草正在茁壮成长，我愿化身为一股和他们形影不离的春风，守护这些小草对生活燃不尽的热情、对未来燃不尽的渴望、对生命燃不尽的追求！

我能给你最好的，是包容和爱

□钟 颖

我们深知家庭因素是影响孩子教育的重要组成部分，在某些例子中，家庭因素甚至决定了其终身发展的方向。每一个孩子都是其家庭的镜子，家庭给予了什么，就会从孩子的身上反映出什么。我们无法培养出一个完美无缺的孩子，正如这个世界上不会存在一个完美无缺的家庭。

一个完整家庭的基本要素是父亲、母亲和孩子。心理学家斯特娜夫人曾说："孩子的心是一块神奇的土地，播上思想的种子，就会获得行为的收获；播上行为的种子，就会获得品德的收获；播上品德的种子，就会获得命运的收获。"家庭是孩子生长的第一所学校，父母是孩子的第一任老师。一个完整的家庭尚会出现有各种各样的教育问题，那么如果是单亲家庭呢？一个没有父亲或者没有母亲在身边的孩子，他在学校的学习生活是怎么样的呢？

目前的这一届班级是我从一年级入学就开始带的，如今一直陪伴他们到三年级。这一届的孩子好学爱问、活泼可爱，充满正能量。但其中有一个孩子——小文不爱学习，连自己的名字都无法完整地写好，总是与班里的同学起大大小小的冲突，甚至破坏公物，已多次被学校的德育处和安全办列为"黑名单"。因这样一个令人头痛的孩子，我曾多次联系其家长，每次都只有父亲出面，对孩子的情况也是含糊其辞。

小文的情况从未因为父亲的管束而变好，在班级的生活一天比一天糟糕，不仅平时的课堂秩序无法保障，同学之间的相处也成为他的一大危机。同学们只要一提到他，就会露出嫌弃甚至厌恶的表情。我意识到小文即将被贴上"坏孩子"的标签，于是再次把小文的父亲请到了学校，和他商议对小文的引导问题。

我和小文父亲分析了小文在学校生活中出现的问题，他向我出示了儿童医院的诊断书，证实小文患有轻微的小儿多动症，解释了为什么小文总是喜欢对别的同学拳打脚踢和在课堂上根本静不下来。小文父亲说，之前不愿意告诉老师是不希望老师对孩子特殊对待，但现在的情况已经严重影响到班级的正常秩序，他对此感到非常抱歉。小文父亲还告诉我，小文的母亲在小文出生后因为一些私人原因离开了，小文的成长阶段没有母亲的存在。

这个信息让我大吃一惊，一开始我以为孩子的母亲只是工作比较忙，或者是留在家乡，没想到小文是一个从小就没有母亲在身边的可怜孩子！自此，我转换了对小文的引导态度，同时也在思考如何才能让小文信任我这个班主任，如何才能让他融入班集体中。

我尝试着从小文的角度思考问题，在一个没有母亲的孩子的世界里，外面的世界会是怎样的呢？他总是喜欢对其他同学动手动脚，是因为他从小没有母亲的拥抱，渴望和同学们接触吗？他上课不听讲、不写作业，是因为他没有母亲的鼓励和监督吗？再一次在班级见到小文的笑脸时，我竟无法自控地给了他一个大大的拥抱。小文一脸狐疑，我笑着问他："你猜老师为什么要拥抱你呢？"小文小声地说："是因为我今天没有动手打同学吗？"我顺着小文的思路说："没错，因为你今天让老师和同学们看到了进步，为自己赢得了这个拥抱！"话音刚落，附近的几个孩子竟然抢着过来拥抱小文鼓励他，孩子们的纯真和善良让人感动。这让我意识到，小文最需要的就是身边所有人的认同和鼓励！他曾做过的伤害别人的事情，只是希望得到老师和同学的关注。只要我们给他足够的关心和爱，他同样可以成为我们班里不可缺少的一分子。

紧接着的班会课，我把小文叫到数学老师那里完成作业，其他孩子则留在班级里上班会课。课上，我先和孩子们一起交流："你最希望得到谁的拥抱和肯定呢？"大多回答都是爸爸妈妈或者老师。"每天最关心你的人又是谁呢？"孩子们异口同声说妈妈。就在这时，我把小文的故事告诉了全班孩子："他没有母亲的拥抱，没有母亲的关心，有的只是我们全班46名同学。"出乎我意料的是，全班孩子都安静了下来，神色忧伤，甚至有几个女孩还流下了眼泪。我继续和孩子们约定，这是我们全班人的秘密，不能让小文知道。孩子们眼中一下流露出坚定的目光，仿佛在告诉老师："小文就交给我吧！"

两年过去了，虽然小文还是跟不上学习的步伐，但他已经学会了写他自己的名字和认识一些常见的字。虽然还是偶尔会弄坏班级的墙报、乱拿同学的东西，但是我从他的眼睛里看到对学校生活的向往，再也不会像从前那样，那没有光亮的眼睛不见了。每次我走进教室，都看到有同学帮助小文收拾书本，为他阅读故事书。还有的同学单独为小文制定了奖惩制度：老师表扬了小文一次，他就会送给小文一个贴纸。小文在学校的每一天，只要他得到了一位同学的表扬或认同，我都会给他一个大大的拥抱。

诚然，无论谁都无法填补一个孩子没有母亲在身边的空缺，但是我们有整个班级的包容和爱，以及每一天在学校的陪伴成长，这些积累下来的拥抱和关爱，也能为单亲家庭孩子的生活遮风挡雨、带来阳光。

读书笔记篇 ◎

教师进行劳动和创造的时间好比一条大河，要靠许多小的溪流来滋养它。教师要时常读书，平时积累的知识越多，上课就越轻松。

——苏霍姆林斯基

爱孩子从了解孩子开始

——读《让我们一起读懂孩子》有感

□ 黄宇静

《让我们一起读懂孩子》是一本写给家长的书，作者兰海在德国慕尼黑大学获得教育学、心理学和社会学三个硕士学位后，回国创办教育机构，致力于用国外先进的教育理念和方法培养孩子，是一位教育专家。

这本书读起来非常轻松，并没有深奥的教育理念。作者用小说的形式记录了自己的工作（家长咨询等），我们读到的是一段段真实的案例以及作者对此进行的深刻透彻地剖析。

这本书给我们讲了一个又一个生动的小故事：不写保证的子庄、李达的三大憾事、爱出风头的帅哥毅然……针对每个孩子的不同情况，兰海老师进行深刻剖析，通过与他们聊天、活动，深入了解孩子内心的真实想法，真正走进孩子的内心世界。我想，她应该就是真正站在孩子的立场为孩子思考问题吧！

作为一名小学班主任，我会遇到各种各样的孩子，有的孩子喜欢打架，有的孩子不自信，有的孩子喜欢大呼小叫……这些都会成为大人指责的点，其实这些行为的背后都是有原因的，这些原因让孩子们拥有不同的待人处事的方式，我们应看透行为背后的原因。

我们班有个男孩脾气非常暴躁，动不动就大吼大叫，甚至有时候在地上打滚，与同学相处时一言不合就会大打出手。面对这样的情况，我私下找这个男孩聊过很多次，每次和他说的时候他都能虚心接受，态度非常好，保证今后遇到事情要控制自己，可是当真正有问题出现的时候他又控制不了了。我在与他妈妈了解情况中得知，这个男孩从小妈妈带得多、爸爸管得少，妈妈和哥哥对他以宠爱为主，每当这个男孩有什么想要的，用哭闹的方式就能得到满足，久而久之就养成了这样的习惯。我与他的妈妈进行了多次交流，教她一些教育方法，孩子什么样的表现应该用什么样的方法对待，不能他想怎么样就怎么样，等孩子冷静下来再去跟他分析，和他讲道理。我还告诉她这样的改变不会立竿见影，得慢慢来，不能太着急，但是一定要坚持。渐渐地，我看到了这个男孩的进步。

兰海说："教育是不能用成功与否来定义的，应该是帮助孩子不断感受生命的美好，帮助他们逐渐释放生命的力量，并且获得幸福的能力。教育不应该是一个点、一个结果，而应该是一个过程，一个随着生命不断变化和成长的过程。"这个过程太过漫长，所以我们总是很焦急地等待结果，以成人的经验预测结果，让孩子按照我们认为正确的方式生活和思考。当孩子软弱无力、没有想法、缺乏自信的时候，最没有资格指责和抱怨的就是我们。因为我们从没有给孩子最基本的等待和宽容，没有给予孩子真诚的信任和希望，是我们的焦虑和恐惧让孩子失去了独立成长的机会。

《让我们一起读懂孩子》让我学到了很多教育孩子的方法，更让我懂得"想要走进孩子的内心，最重要的一点就是设身处地站在孩子的角度去想他们会面临什么、遭遇什么"。

《特别的女生萨哈拉》读后感

□ 赖美芳

当你第一眼看到这本书的时候，是否立刻被它的书名所吸引？萨哈拉是一个怎样的女生呢？那就让我们开始一场奇妙的阅读之旅吧！

《特别的女生萨哈拉》被誉为美国版的《窗边的小豆豆》，获得2004年芝加哥图书馆奖、2004年度国际读者协会儿童读书奖、多萝西·坎菲尔德·费希尔儿童图书奖等。

作者爱斯米·科德尔曾经做过老师、图书管理员、小说家，现正经营一个点击率奇高的儿童网站。她像萨哈拉一样，狂爱收集闪亮的贴纸。

萨哈拉不是地名，是人名，这个女孩心中的秘密也有撒哈拉沙漠那么大、那么宽。在老师和同学的眼中，她是个需要"特别帮助"的笨孩子，是"特别的萨哈拉"，她不写作业、不开口读书、不学习。

但实际上，萨哈拉热爱阅读，疯狂地喜欢写作，甚至还写了一本属于自己的书，偷偷地藏在图书馆里，期望有一天有人能看到自己的作品。萨哈拉本以为"真正的自己"只有最好的朋友瑞秋才知道，直到一个"行为怪异"的波迪小姐成了她的新老师，崭新的生活在萨哈拉面前展开，也从此改变了她的人生……

许多老师在教导孩子的时候，经常会说不许这么做、不准那样做。而波迪小姐在见到孩子们的第一天，就在黑板上写道："一定要看，一定要听，一定要推己及人。"孩子们好像很乐于接受这个说法。波迪小姐在接手一个新班级的时候，不会从孩子们的档案中了解他们以前的表现，她总是抱着"一切从零开始"的态度，用自己的眼睛、自己的心去了解每一个孩子。她相信只有自己看到的才是最真实的，所以始终坚信"没有一个坏孩子"。

波迪小姐上课的方式也与众不同。她给孩子们读诗歌、讲故事，让孩子写日记，欣赏每个孩子写的东西。萨哈拉在日记本上写下"我是作家"，波迪小姐给予的评语是"我相信"。波迪小姐肯定每个孩子的梦想，她的赞赏和鼓励激发了莎哈拉的作家潜能，后来萨哈拉写的几篇日记也让同学们见识到了她非凡的写作能力。每个人的闪光点都需要他人的宽容、信任和耐心的等待。正是波迪小姐的爱和启发式教育，让萨哈拉更加坚定了自己的梦想并为之努力，她不再是那个需要"特别教育"的萨哈拉了，而变成了人人羡慕的"特别的"萨哈拉！

萨哈拉非常喜欢富兰克林·奥哈拉的一首诗歌——《我的自画像》。这首诗歌可以说是萨拉哈成长蜕变的印证，如诗中所写，文章的最后萨哈拉成了一个自信、独立、乐观、积极向上的女孩，她对生活充满了希望和热情，喜欢阅读和写作。

萨哈拉有位好母亲，她经常给萨哈拉读故事。作为单亲妈妈，她的家庭生活并不富裕，但给孩子买书的时候永远不会犹豫，这也为萨哈拉今后疯狂地热爱阅读和写作打下了坚实的基础。虽然萨哈拉在学校里的表现"不是很好"，但妈妈从来没有放弃过，她始终相信萨哈拉是一个聪明懂事的孩子，尽自己最大的能力关心和温暖着萨哈拉。萨哈拉的母亲在发展孩子兴趣方面一直坚持和陪伴，这让我不禁想到现在的很多家长：有没有用心发现孩子的天赋？发现孩子不爱学习，有没有想到是自己或家庭的原因？有没有经常陪伴孩子做他们喜欢的事情？希望每个家长都来看看这本书，在孩子的教育上引发更多的思考。

著名教育家苏霍姆林斯基说："没有爱就没有教育。"灵芝小学的校训就是"有爱"，每位老师秉着一颗仁爱之心，致力于把孩子培养成有"健康、敏捷、恒信、勇气"品质的阳光少年。每个孩子都能在这里自由发展，生成自己的梦想，播下个性的种子，奠基未来的希望、快乐与幸福。作为教育者，我想把以下两句话送给每位老师以共勉：

如果你是个年轻的老师，请记得再年轻也要有一颗慈母的心；如果你是个阅历丰富的老师，请记得再阅人无数也要有一颗柔软的心。

智慧就是自知无知

□李 易

> "未经反思的人生不值得一活。""世上最快乐的事莫过于为理想而奋斗。"
>
> ——苏格拉底

听过许多苏格拉底的至理名言，但从来没看过关于他的书籍，最近想尝试看一下关于他的文章，于是读了《柏拉图全集》的第一篇——申辩篇。读完后感触良多，我不仅被苏格拉底的犀利言辞所折服，还被苏格拉底的不朽思想、永恒精神所折服。

这篇文章是柏拉图对苏格拉底为自己申辩时的对话重现。当时，原告以"苏格拉底为恶、腐蚀青年、不信城邦的神、另立新神"的罪名对苏格拉底进行控诉。面对原告们莫须有的控告和咄咄逼人的质问，苏格拉底秉着"说真话"的态度，义正词严地为自己申辩，他的言语不卑不亢，没有丝毫动摇、丝毫妥协，自始至终坚持自己的观点，拥护自己的信仰。

在他的申辩中，苏格拉底曾强调自己的无知。当指责他的人抨击他说"苏格拉底犯有扰乱他人罪，他上察天文，下究地理，摇唇鼓舌，颠倒是非，并教唆他人效仿自己"时，苏格拉底针对"上察天文，下究地理"这一罪名宣称自己一无所知，他认为"真正的智慧只属于神"。然而，那个时期的许多雅典人却并没有这种"自知无知"的思想。

苏格拉底生活在雅典民主政治由鼎盛走向衰落的分水岭时期，那时候的雅典民主是"少数人的民主，多数人的暴政"，雅典人"只关注聚敛钱财、追逐名誉，而不关心真理和理智，不去完善自己的灵魂"，却声称自己拥有无尽的智慧。苏格拉底遍访了政治家、诗人、手艺人，他们都觉得自己无所不知，是有智慧之人。当苏格拉底指出他们是自认为聪明而并非真正聪明时，他们都表现出对苏格拉底的憎恨。

我想，或许他们之中有的人并非不知道自己有所不知，只是不想、不愿意承认罢了。由此可见，这些所谓的智慧之人是多么的虚伪、多么的无知、多么的面目可憎，他们都没能做到"认识自己"。而苏格拉底是那么的自觉、坦率，他的"自知无知"是那么的难能可贵。

苏格拉底曾说："我生平只知道一件事，就是我对所有的事情都一无所知。""智慧就是自知无知。"我们无须炫耀自己的智慧，而是要知晓自己的无知。只有秉着这种"自知无知"的思想和虔诚的态度，我们才能真正挖掘到事物的本质，探索到事物变化、发展的规律，抵达真理的彼岸。在索福克里斯的《俄狄浦斯王》中，俄狄浦斯解开了斯芬克斯之谜。我一直觉得他是一个有智慧的人，能正确认识到人的本质，但现在看来他也是无知的，因为他不能认清自己的身世，看到的只是人的"动物性"层面，没有深入到人的"社会性"本质，所以未能逃脱悲剧的命运。人要理性认识自己，承认自己的无知，才能真正摆脱命运赋予的悲剧。

我们在教育教学中也应该做到自知无知。作为一名老师，教书育人是我们的职责，先从自己做起，认清自己的不足之处，及时改进；认清自己和孩子们之间的关系，找到适合的方法，做到因材施教。

开学之初，作为新班主任的我常常感到心有余而力不足。有时会高估孩子们的能力，当他们做不到时，我又经常批评他们。即便是这样，他们依然时而做得好，时而做得不好。经过请教前辈和自我反思，我发现鼓励孩子比批评孩子更有效。慢慢地，他们也会说出自己的不足之处，比如出教室时动作慢、会悄悄搞小动作等。又过了一段时间，我惊讶地发现许多说出自己不足的孩子悄悄进步了不少，当我在班里表扬他们时，他们脸上的笑容和自豪让我记忆深刻。"授人以鱼不如授人以渔"，逐步教孩子们认识自己的优缺点比直截了当地告诉他们会更好，这大概就是自知无知，并且教会孩子自知无知吧。

苏格拉底的自知无知警示后人时刻认识自己、提升自己。我想，在今后的教育教学中，找到属于自己和促进孩子们成长的方式方法，让孩子们在校园生活中更加快乐地成长，践行学校办学理念中的"贴近性灵"，学会发现孩子们的个性鲜明，努力做到因材施教，发挥每个孩子的闪光点，展现不一样的他们。

读书笔记篇

读《心平气和的一年级》

□ 刘新新

　　　天早操，子妍拉着我的手很认真地对我说："刘老师，其实你挺美的！"我心中有疑问，但还是暗自窃喜：或许每一位老师在孩子的心里都是美的！紧接着她又说："但美中不足的是，你最近有点儿太凶了！"原来她强调的重点在这里。仔细回想，最近一段时间我总是因为课上注意力、纪律、班级荣誉等问题对孩子们进行批评教育，总想用"硬"的方法来管束他们。然而面实并没有什么效果，恰恰相反，他们只记住了我的"凶"。

　　我反思自己，怎样做到心平气和呢？以下是我在《心平气和的一年级》中学到的几点：

从"静"做起，善良的惩戒，温柔的教育

　　一年级的孩子们就像池塘里的青蛙，有事无事呱呱叫。正因为他们爱讲话，又不能尽快地做好课前准备，我尝试过这样的办法：预备铃响让班长播放音乐，希望他们放下浮躁，尽快做好课前准备。可结果并不能令我满意。孩子们说话的声音大一点，班长便把音乐声调得更大一点，最终是两个声音混杂在一起，显得更乱了。

　　直到我看见薛老师在日记中写道："低年级的孩子入学，最要紧的是让他们'注意看''用心听''认真写'。常规教育围绕中心词'静'，讲课声音尽量小，孩子读书要求用心但轻声。反复表扬完成任务之后安静看书的孩子。"我把这个方法用在自己的教学过程中，努力让自己变得和声细语，不大声呵斥，做到自己先不制造噪音，柔和并面带微笑地跟孩子说话，再这样有意

识地反复强调，尽早让他们懂得静是好的，争取从根本上让他们养成"注意看""用心听""认真写"的好习惯。诚如薛瑞萍老师所说，没有惩戒的教育是不可想象的，但一定要让孩子知道惩罚是必须的、善良的，同时又不能让他们将惩罚看成游戏。温柔的教育，让孩子们喜欢上老师并敬畏老师，敬畏老师又离不开老师。

贵在坚持

薛老师最让我钦佩之处在于她的坚持。

坚持不间断地读书。薛老师说："读书是一种内在需要，也是为了保持一种上升的活力状态。"所以她永远是那么有劲、有活力。读书越多，越发觉得自己所学知识之少。作为老师，仅仅弄明白教科书是远远不够的，教学也是靠大量汲取相关知识、不断补充文化修养才能胜任的。

坚持不断地反省自己。孩子有知错就改的机会，老师也是如此，关键是我们要时常反省自己，有所改进。纵观全书，薛老师时时在反省自己，时时思考自己的不足及改进的办法，这样的老师何愁教不好孩子、带动不了家长呢？坚持耐心地与家长沟通，坚持记录孩子的点滴。

在这本书中，我总能隐约地找到自己的影子、孩子的影子、家长的影子，却也在书中看到了自己与薛老师的差距。比如面对孩子们如脱缰野马般野性难驯时的浮躁，面对屡次说服教育仍陋习不改时的不冷静。在今后的日子里，让我们和孩子一起努力，向薛老师学习，走向"心平气和"。

不忘初心，方得始终

□ 叶小美

—— 王小玲名班主任工作室实践探研案例集

一路向暖

很喜欢张晓风的一句话："我爱上'初'这个字，并且提醒自己每天清晨都该恢复为一个'初'人，每一刻都要维护住那一片'初'心。"初心美好。纳兰性德也说："人生若只如初见。"但在这个时代，初心常常被我们遗忘。正如纪伯伦所说："我们已经走得太远，以至于忘记了为什么出发。"

于我而言，跟所有年轻的老师一样，一开始怀着满腔的教育热情走进职业生涯，并憧憬着自己与孩子们的幸福生活。然而理想总是很美好，现实好像并非如此。孩子们每天都会有不间断地小意外，厌学、闯祸、家长沟通的误解，等等。无力感、挫败感、疲惫感、自卑感……一切心理压力扑面而来，致使我愚昧地以为不是我忘了"初心"，而是现实让人怀疑初心。

当拜读完李老师的《做最好的班主任》后，我为自己原来的想法感到强烈地羞愧。李老师的"未来班"；李老师的爱心、民主和尊重；李老师与孩子们那些感人肺腑的故事，无不演绎着他的人文情怀和对教育的虔诚之心。他的"爱心智慧"的教育实践，让我对"不忘初心，方得始终"有了全新而深刻的理解。

初心易得，始终难守

我扪心自问："现实与理想真的遥遥相望吗？"不，我只是在行走的路上走着走着忘了来时的路，不小心把"初心"遗忘在某个角落，导致自己感到做班主任"心累"。那我何不顺水推舟，给"初心"一些空间，让现实与理想并行，无论走多远都提醒自己回头审视一下初心是否还在？

孩子们并不是恶魔，偶尔惹祸也是他们本该有的天性，李老师称之为"可爱的缺点"。是的，他们如我们的初心一样，是五彩缤纷的天使，是送给我青春最美的礼物。

班主任工作并非一件累人的差事，大家的支持或误解也罢，工作任务的琐碎繁重也罢，这些无一不在证明着社会和学校对老师的关注、对老师的信任和对老师的希冀，能与大千人民并肩同行何尝不是一种幸福呢？如果我能像李老师那样把职业、事业和生活融为一体，又怎会质疑自己的初心？如果我坚定初心，痴情于教育，那我也将如李老师一样"享受职业、赢得尊严、孩子爱戴、超越自己"。

漫漫教育路，我相信回头看走过的路时，那颗纯美的"初心"也将依旧温暖如初、明亮如星。所以，感谢李老师的提醒："初心易得，始终难守。"

唯有不忘，方得始终

李老师的书唤醒了我的教育初心，重燃了我的教育热忱。在未来的日子里，我该如何编织自己与孩子们的幸福生活呢？我的耳边时时响起李老师的声音："以心灵赢得心灵，用人格塑造人格；真教育是心心相印的活动；没有什么比老师把心和孩子融在一起更幸福；教育是心灵的艺术，爱心是教育的灵魂；最好的班主任是关注孩子的心灵世界的人。"

作为老师，我们除了对必要的专业知识进行充电和学习，更需要常怀教育的初心潜心教育，与时俱进。只有这样才会促成真正地反思，改变自己的教育教学方式，从而超越自我，真正体会职业幸福感。初心给了我们成长的内在力量，我们不能忘记为什么而出发，不能忘记教育是把人当成人的教育、走心的教育，是振兴中华的事业。李老师还提醒我们，作为一名负责任的老师，我们要尽量让自己成为一名有人格魅力的"专家"、不停反思的"思想家"、用心灵赢得心灵的"心理学家"。从此，我的"每天三问自己"随之诞生：一问孩子们在想什么？二问我是孩子最信任的人吗？三问我希望孩子成为什么样的人？

以上是我的读书感悟，不忘初心，方得始终。愿你我带着这颗初心，走好教育之路。

《数星星》：以勇敢和爱为名

□ 邹彩艳

假期读了一本书，这是一本以勇敢和爱为话题的书——《数星星》。勇敢似乎很简单，但又不那么容易做到。到底什么是勇敢？这个问题一直围绕在丹麦小女孩安妮的心中，一直得不到答案。直到她十岁那年，德国纳粹党占领了丹麦，平静安宁没有了，取而代之的是到处站岗的德国士兵和每天心惊胆战地生活。但这还不是最要命的，最要命的是德国士兵到处搜捕犹太人，而安妮最好的朋友艾琳正是犹太人，此时的艾琳正需要安妮的帮助，于是安妮挺身而出，并在这个过程中深深体会到"勇敢"二字的力量。

战争是残酷的，在战争中绽放的勇敢更是宝贵的。虽然战争已经离我们远去，但勇敢在我们的现实生活中仍然那么美好。它有许许多多的表现形式，也许不像书中那样惊心动魄，但也显得弥足珍贵。

这不禁让我想起一件小事。班里有个孩子经常调皮捣蛋，看到别的孩子手上有他喜欢的玩具，便拿过来当成自己的。当我找这个孩子来批评教育时，他总以东西是在地上捡的而拒不承认，大声地喊着"我没有"。直到有一次，又有孩子来找我说他拿了别人的东西，我马上把他叫了过来，他却一副满不在乎的样子。虽然我心里又气又急，但还是平静地对他说："老师觉得东西不是你拿的，我已经叫那个小朋友再去别的地方找找了，你回去吧。"这次他没有说话。

第二天放学后我回到办公室，看到他的小脑袋在办公室门口探来探去，"你怎么还没回去？"我奇怪地问。"老师，昨天是我拿了别的小朋友的东西，我已经还回去了，对不起。"说着还不时抬起头不安地看着我。我愣了一下，接着说："没关系，勇于承认就是好孩子，你真勇敢！"看着他重新恢复的笑脸，我也笑了。

也许这个孩子的勇敢并没有战争中安妮的勇敢那么"大"，但是生活中这种小小的勇敢也足够让人感到满足与珍贵了。

读懂李镇西，便读懂了班主任

□ 郑梦曦

尊敬的李校长：

您好！

读完您的《做最好的班主任》，我迫切地希望能与您交谈，但我知道这是不可能的事情，所以只能写一封永远不会寄出去但可以留给自己当作精神寄托的信。很奇妙，我一边读您的著作一边感慨，如果您在过去曾当过我的班主任，也许我的读书生涯就能少许多凝重，多一点美好的记忆。

事实上，我在工作两年并担任两年班主任后遇上您也算一种幸运。您在书中多次提到苏霍姆林斯基、陶行知等伟大的教育家，感谢您能透彻领悟到他们的教育精髓，并在这新时代付诸实践，让我看到"爱的教育"永不过时。您所感动的那些教育故事、您反复提及的那些教育箴言，是我读师范时喜欢挂在嘴边但在工作中难以实现的事，而您全都做到了，所以您的形象在我的心中非常高大。

我最喜欢听您讲自己和孩子之间发生的故事，也喜欢您提炼的"金句"："教育，每天都充满悬念""用童心报答童心""以心灵赢得心灵，用人格塑造人格"等。其实，记录与孩子交往的点点滴滴是每个班主任都可以去做的，就看谁意志坚定、谁意志薄弱了。您还认为班主任应该和孩子多一些"非功利性"谈话，我觉得这些踏踏实实的小事的确能给班主任带来幸福感，因为小事做多了也就没有了大事的困扰。

接下来，我想谈几段印象深刻的故事。

教育之根：要有人情味

本书第一辑的最后一个故事，您说："每天都和孩子在一起，却不关注，因而不知道孩子的心灵世界；越是认真负责，孩子们越是反感。这都是我们现在许多班主任的悲哀之处，甚至是悲剧所在！"您举例子，一个品学兼优的女孩自杀了，而她的老师和同学都没能找到原因，这就是教育的悲剧所在。可怜的孩子，如果时光能倒流，如果能遇到愿意包容、倾听、保护她的人，一定不会离开这个世界，可惜她没有遇见。

我的语言是苍白无力的，还好您用深刻的文字为"教育的悲剧人物"呐喊，为教育工作者提一盏明灯。

《北京青年报》上一篇题为《难道我们的教育真的毫无责任吗》的文章是您对那些水火不相容的师生关系的温馨提示："可不可以使环境宽容一些，可不可以拿您或别人有益的人生经验疏导他们壅塞的心灵，可不可以不把孩子们当成一部部教育机器，而是一个个正在通过他人帮助，更通过自己不断努力而逐步形成的人。"

您认为，教育是为孩子的成长服务，做孩子最信任的人。我相信，我会慢慢做到这一点，让师生彼此幸福，让教育更有人情味，不要让自己变成孩子们讨厌的老师。

为师之本：追光者不梦游

最近有首歌很流行，歌词我很喜欢："我是追逐着你的眼眸，总在孤单时候眺望夜空，我可以跟在你身后，像影子追着光梦游。"这不禁让我想起您追随苏霍姆林斯基的画面："我曾经在三峡旅游时的轮船上进入苏霍姆林斯基的《巴甫雷什中学》，心中激起的感情潮水随长江的波涛一起翻滚；我曾经坐在医院的病房里，一边守候病中的妻子，一边和苏霍姆林斯基进行'关于人的思考'——夜深人静的午夜时分，整个宇宙似乎只有我和苏霍姆林斯基在清醒交谈。"（摘自您的《教育是心灵的艺术》）

许多老师心中都住着一个榜样或偶像，尤其是在迷惘时、沮丧时、特别需要一个精神支柱时，他的经历和做法会帮助自己度过煎熬的岁月。但是您很特别，您是每时每刻、每一本书都与苏霍姆林斯基密切相关，您说："陶行知是中国的苏霍姆林斯基，苏霍姆林斯基是苏联的陶行知。"那么您呢？请容许我轻易地下定论——您是苏霍姆林斯基在中国的接班人。有人爱做梦，然后醒来便告诉自己，那只是梦而已。您也有一个梦，就是追随这位伟大的苏联教育家，您把这个梦实现了。与孩子相处，您不耍小伎俩，是心心相印的较量；与偶像相处，您诚诚恳恳，打动苏霍姆林斯基的女儿，并与之成为好友。所以，我觉得这个小标题形容您最贴切——追光者，不梦游。

如果能够与您相见，也许我们会很投缘。我是一个骨子里有点小叛逆的人，您是一个很有思想坚持个性的人，我们可以一起冒险，一起谈论苏霍姆林斯基和陶行知，一起批判"应试教育"，一起研讨未来的教育。

如果能与您相见，我一定会夸夸您。您可以和孩子成为好朋友，是孩子值得信任的人；您不畏强权，正直勇敢，是班主任群体的发言人；您热心研究班主任专业素养，但孩子并不是您的试验品，而是您服务的对象。

如果不能与您相见，我也会记住在2017年这个暑假，我遇见了一个十分爱戴的班主任。

《苏菲的世界》：一书一世界

□ 张 萍

A rose by any other name would smell as sweet.

玫瑰不叫玫瑰，依然芳香如故。

——Shakespeare（莎士比亚）

玫瑰不叫玫瑰，还是玫瑰吗？

你不叫这个名字，还是你吗？

如果是，你就是你吗？

如果不是，那你又是谁？

看似一个无聊的问题，你一定会想："我就是我，你管我是谁，反正我又不是你，我又怎么可能是你？"的确，你我属于不同的个体，我们不一样。但换个角度想想："你怎么就知道你不是我？这有概率分布的可能。也许你是假的，你只是我创造出来的，是我思想的投射罢了。"

此时此刻，你是我，我不是你。

这看似荒谬无厘头的自言自语让人一头雾水，但理解了就可以知道它是《苏菲的世界》的写作角度，让人极为震撼又沉醉其中，如书中书、画中画一样引人入胜。正如第一章伊甸园的开头早已下了定论：

在某个时刻事物必然从无到有……

命运的齿轮开始转动……

苏菲的世界为你打开大门

从"我是谁""世界是什么"这些问题开始，苏菲和她的导师艾伯特带着我们走进一个浩瀚的哲学历史。神话故事美妙动人，哲学的摇篮——雅典闪耀着灿烂光芒。自然派哲学、苏格拉底、柏拉图和亚里士多德的哲学基础，饱受诟病的黑暗中世纪、人性之光的文艺复兴、启蒙运动和浪漫主义，还有耳熟能详的笛卡尔、洛克、康德、黑格尔和弗洛伊德等大师级的哲学智慧结晶，探索哲学的路上疑雾重重。作者匠心独运地埋下很多极其怪异离奇的悬疑线索：魔镜、少校的小屋、黎巴嫩寄来给席德明信片、会说话的小狗、叫她席德的艾伯特、写着生日祝福的香蕉皮、现实出现的梦中的金十字架、捡到的10元硬币……苏菲沿着线索一路寻找蛛丝马迹，却发现一个惊人的大秘密：

　　你只是我创造出来的，

　　是我思想的投射。

　　此时此刻，你是我，

　　而我不是你。

　　这是个虚假的平行世界。

　　苏菲在艾伯特的提示下发现自己是假的。她只是书里的一个人物，只是席德爸爸送给女儿席德的一本书上的人物，仅仅为了讲清楚从古到今的哲学故事而创造出来的虚构人物。

　　多重视角下，席德收到爸爸寄来的书并开始看《苏菲的世界》，而我在现实世界看着席德品读苏菲的故事，宛如上帝般存在，这是一件极其恐怖的事情。

　　设想下，是否有人在另一个空间看着我读着苏菲和席德的故事呢？或许我和苏菲一样，也是不明空间里窥探世界的一个扯线木偶，我也是假的，我该怎么办？

　　这真是一个令人头皮发麻的设想，只能借用《红楼梦》里太虚幻境的对联"假作真时真亦假，无为有处有还无"加以释怀。真真假假，假假真真，沧海一声笑，无谓我思故我在或我在故我思，唯有静心思索，无畏前进。

　　Pascal说："人只不过是一根苇草，是自然界最脆弱的东西，但他是一根能思想的苇草。"浩瀚星辰下沧海桑田，人如沧海一粟般微不足道，竭力一生也无法逃过死亡的归宿。思想却能形成人的伟大，给予人尊严，即人的伟大来源于他有思想。

　　思想来自哪里？借用《苏菲的世界》中的比喻："这世界就像魔术师从他的帽子里拉出的一只白兔。只是这白兔的体积极其庞大，因此这场戏法要数十亿年才变得出来。所有的生物都出生于这只兔子的细毛顶端，他们刚开始对于这场令人不可置信的戏法都感到惊奇。然而当他们年纪愈长，也就愈深入兔子的毛皮，并且待了下来。他们在那儿觉得非常安适，因此不愿再冒险爬回脆弱的兔毛顶端。

唯有哲学家才会踏上这一危险的旅程，迈向语言与存在所能达到的顶峰。其中有些人掉了下来，有些人死命攀住兔毛不放，并对那些窝在舒适柔软的兔毛深处尽情吃喝的人们大声吼叫。他们喊："各位先生女士们，我们正飘浮在太空中呢！"但下面的人可不管这些哲学家们在嚷些什么，这些人只会说："哇！哲学家真是一群捣蛋鬼！"然后又继续他们原先的谈话："请你把奶油递过来好吗？""我们今天的股价涨了多少？""番茄现在是什么价钱？""你有没有听说黛安娜王妃又怀孕了？"

所以，要学会思考，首先要有好奇心。好奇心是人类的天性，一个睁着眼睛的盲人无法看到色彩斑斓的世界，但他会通过听觉、触觉和心理感受构建一个属于他的世界。孩子亦如此，他们总是有很多问题，很多出人意料的奇思妙想。对于孩子而言，一旦面临新奇、神秘、自相矛盾的事物就会产生三种形式的探究行为：感官探究、动作探究、言语探究。正是通过这些探究性，孩子有选择性地了解事物，并积累大量的生活经验。

在成长过程中，孩子也慢慢习惯了这个世界。当他们对身边的事情都习以为常时，就会陷入琐碎无味的生活而浑然不知，即使有新的火花出现，他们也早已习惯熟视无睹，生活也就固化了。

这时，他们就变成了我们，而我们的名字叫作成年人。

人的内心里有一种根深蒂固的需要——总想感到自己是发现者、研究者、探寻者。在孩子的精神世界中，这种需要特别强烈。但如果不向这种需求提供养料，即不积极接触事物和现象，缺乏认知的乐趣，这种需求就会逐渐消失，求知兴趣也与之一道熄灭。

——苏霍姆林斯基

好奇心作为人的天性，无论在孩子还是老师之间都具有重要的意义。老师要用好奇心发现生活中的美，发现孩子们身上的闪光点，继而发掘其潜在的天赋，思考和探索更好的师生交流模式，在教学管理中最大程度的保证孩子的好奇心。或许我们会遇到好奇心比大象还要大的孩子，或许这些孩子天马行空，令人不知所云。就像法国电影《蝴蝶》里的丽莎一样，脑袋里装着十万个为什么，老师们总是回答不出她提出来问题，可回答不出又如何？答案已经不重要，好奇心已像一把钥匙，为对世界充满热情的孩子打开一扇扇通往不同世界的大门。在摘星的路途，孩子们成了我们的老师，因为他们总能告诉我们不一样的世界。

Pourquoi notre coeur fait tic-tac?

为什么我们的心会'滴答'？

Parce que la pluie fait flic flac.

因为雨会发出"淅沥"声。

Pourquoi le temps passe si vite?

为什么时间会跑得这么快？

Parce que le vent lui rend visite.

风把它都吹跑了。

Pourquoi tu me prends par la main?

为什么你要我握着你的手？

Parce qu'avec toi je suis bien.

因为和你在一起，我感觉很温暖。

Pourquoi le diable et le bon Dieu?

为什么会有魔鬼又会有上帝？

C'est pour faire parler les curieux.

是为了让好奇的人有话可说。

——法国电影《蝴蝶》片尾曲

习惯养成篇 ◎

习惯是一种顽强而巨大的力量，他可以主宰人生。

——培根

书写的三种境界

□ 郑梦曦

—— 王小玲名班主任工作室实践探研案例集

一路向暖

古今之成大事业、大学问者，必经过三种之境界："昨夜西风凋碧树。独上高楼，望尽天涯路"，此第一境也；"衣带渐宽终不悔，为伊消得人憔悴"，此第二境也；"众里寻他千百度，蓦然回首，那人却在，灯火阑珊处"，此第三境也。此等语皆非大词人不能道。然遽以此意解释诸词，恐为晏、欧诸公所不许也。

——王国维《人间词话》

我国近代著名学者王国维先生在《人间词话》的第二段写下他所认为的"人生三种境界"。我是这样理解的："昨夜西风凋碧树。独上高楼，望尽天涯路"，暗示我们做事情先确定好目标；"衣带渐宽终不悔，为伊消得人憔悴"，提醒我们要艰苦奋斗不怕累；"众里寻他千百度，蓦然回首，那人却在，灯火阑珊处"，预示豁然开朗后收获成功，或者归于平和。这是做人做事都必然经历的三种境界：确定目标、艰苦奋斗、豁然开朗，直到成功或归于平和。

今天我要讲的话题是"规范书写"，这和"人生三境界"有什么联系呢？当然有联系，因为要想做到规范书写，无论是老师和孩子都要经历这三种境界：确定目标、艰苦奋斗、豁然开朗。

确定目标，状况百出

《语文课程标准》明确提出："要养成正确的写字姿势和良好的写字习

惯，书写规范、端正、整洁。"这里的"规范"指的是把字写得合乎规则，遵循笔顺的规则，不写错别字，不改变字形，不添笔漏划，还要美观大方。

目标明确了，我也把这些要求告诉了孩子们，但是孩子们却状况百出，趴着写、跷腿写、跪着写。看到这种画面，我不禁想起自己的小时候，还想睡着写，所以我特别能够理解他们。但是我也特别清楚，现在我的近视、驼背、肩颈劳损、字丑，就是小时候没有及时纠正导致的。我不能让这些孩子像自己这样，心里很着急，于是想办法规范孩子们的书写。

艰苦奋斗，见字如面

提醒、扶着、抬着、同桌监督，对于我的这群小猴子都没有效果，那就用故事育人吧。我给孩子们讲了这样一个故事：一个四年级的小女孩，因为写作文还不错，老师想让她在方格纸上抄写她的一篇作文，用来粘贴到后面的作品展示墙上。她很开心，终于有机会让全班同学看到自己的文采了。她在家中用了一个晚上的时间，很认真一笔一画地抄写。第二天，她把抄好的作文交给老师，老师看了看这些字，对她说："行，留着当备选吧。"直到四年级结束了，作品墙上依然没有展示她的作文，这是为什么呢？因为她的字不好看。孩子们听后，都为这个小女孩感到惋惜，都说要好好练字。我接着向孩子们补充道："一个人的字就如同她的脸面、身上的气质。字不好看，不但失去了脸面，而且还会失去很多机会。"孩子们意识到了规范书写的重要性，我给他们半节课的时间，他们认真地学习正确的练字姿势、正确的握笔姿势，在字帖上细心地描摹着。

白岩松老师曾经说过："这个世界上有四种人，最好的是聪明又勤奋的人，其次是聪明又懒惰的人，再者是愚蠢又懒惰的人，最可悲的是愚蠢却勤奋的人。"就好比有的孩子练习写字，明明很勤奋，没日没夜地练，却依然很糟糕，很受打击，最后迫于无奈成为第三种人——愚蠢又懒惰。所以，要让自己变成聪明又勤奋的人，正确的方法很重要。

豁然开朗，身心愉悦

为什么会放弃规范书写。因为在这个过程中不开心，没有体验到成功或者快乐，于是越写越丑，越写越痛苦，所以才选择放弃。哪怕在写字过程中开心过一次，结果可能会截然不同。因此，我认为书写的正确方法是让自己身心愉悦。身心愉悦怎么得到？因人而异。有的孩子不喜欢写字，但听到老师的肯定就乐于接受老师传授的写字方法；有的孩子不喜欢写字，但是喜欢爸爸妈妈给他买的漂亮钢笔，享受笔尖顺滑的感觉；有的孩子不喜欢写字，但喜欢听故事，那就一边听故事一边写字。帮助孩子找到书写的快乐，身心愉悦，孩子才能静心写字。

除了因材施教、个别指导外，我在班里设置了"规范书写岗"，帮助孩子们找到规范书写的自信和快乐。这个岗位是会轮流的，我希望全班孩子都能够轮得到。

当孩子们的书写规范了，我还会把一张点赞卡送给他。集齐5张可换礼物A，集齐10张可换礼物B，集齐15张可以与老师在饭堂共进早餐、午餐或邀请老师参加家庭生日会。小小的点赞卡不但提高了孩子的书写能力，同时也构建了良好的师生关系。

有一次我在黑板板书，随口一问："老师的字是不是好看了呢？"思穆第一个说："是的，比一年级时好看！"又有孩子说："哦，老师有练字！"听得我心里乐呵呵的，练字也更有动力了。

综上所述，"书写的三种境界"可以总结为确定规范书写的目标（坐姿好、养习惯、字美观）——意识到书写的重要性（艰苦奋斗）——帮助孩子找到书写的方法（身心愉悦才能静心写字）。

"标准"在哪

□ 张文宇

英国唯物主义哲学家、现代实验科学的始祖、科学归纳法的奠基人——培根，他在谈到习惯时深有感触地说："习惯真是一种顽强而巨大的力量，它可以主宰人的一生，因此，人从幼年起就应该通过教育培养一种良好的习惯。"只有学生良好的行为习惯和学习习惯养成了，自学能力和自我管理的能力得到了发展，未来走向社会的他们，才会拥有更幸福、更出色的人生。班主任除了正常的教育教学工作之外，经常还要应对各种复杂的班级常规工作，其中培养学生的良好行为习惯是一项极为重要的内容。

一天夜晚，我下班回家，发现班级书柜上的书整理得异常整齐，一本挨着一本，每一本的间距还摆放得差不多，这么高水平的摆放方式以前从来没出现过，我惊喜又好奇，是哪位小家伙摆的呢？

第二天，我在班上找到了答案，"同学们，有没有留意到我们走廊书柜上的书？那是小真摆放的。"大家把赞许的目光聚集到她身上。小真不好意思地解释道："我是突然想到的，觉得这样摆不仅会方便大家取书，还会更好看。"我把书柜的照片投影出来给大家看，全班响起了热烈的掌声，小真明亮的眼睛露出了欢喜的激动。同学们纷纷赞扬"小真真聪明！""小真手真巧！""小真棒棒哒！""小真有创意！"同时，我在班上也隆重表扬小真创新、认真、尽责，并给小真颁发了一张表扬信。有同学提出我们以后可以按照小真的方式摆书柜，我为孩子们的想法点赞，让小真站到讲台前给大家示范讲解书本摆放的方法。接下来的日子里，可以看到我班的每一个孩子都会刻意把书本按小真排放的样子摆放整齐。

这次事件，促使我思考了一些问题，老师或家长在对孩子提出要求时，说一些比较抽象的话："要做好""要认真点做""要仔细检查试卷"，当孩子依旧没有达到要求时，是不是应该思考一下，孩子是否真正理解你说的"好""认真""仔细"？怎样才算"好"？怎样才算"认真"？标准在哪里？怎样达到这些标准？作为老师或家长是不是应该示范一下，或者发挥同伴的榜样作用呢？

经过思考以及阅读班级管理的书籍，我总结出，培养习惯应该从以下几个方面去做：

一、告诉学生如何去做

明确提出对学生进行良好习惯养成教育的具体要求和实践指导。把自己的期待告诉学生，使其成为集体的奋斗目标，并始终如一付出坚持不懈的努力。建立多样、精细化的制度，让班级工作有法可依，有章可循。让学生明确知道什么时候应该干些什么，应该如何去做？做得好会怎样，违反了纪律会有什么样的结果。

二、激励学生愿意去做

学生好习惯的养成，除了要有严肃的纪律、严格的管理、严明的奖惩制度，还要有一个标准尺、奋斗目标。榜样就是楷模、标杆，它的力量是无穷的。运用榜样示范力量对学生进行养成教育极具感染力和说服力。教师在教育教学过程中，要善于捕捉典型人物的行动来对学生实行示范性教育。既可以通过名家、名人的典型风范来激励学生，也可以将学生中间的优秀伙伴的行为加以宣扬。通过各种榜样使学生从中汲取营养，让每个人都清楚地知道哪些是大家希望和肯定的行为，因而能够有很好的方向意识，在不自觉的行为中朝着大家认可的方向去努力。

三、鼓励学生坚持去做

不断强化，及时反馈。形成任何习惯都需要一个过程，尤其是在初始阶段，都会出现反复，因而需要不断强化训练，反复抓，抓反复，及时掌握情况，迅速做出反馈。这个过程需要老师有认真的态度去面对，还需付出大量的耐心去等待。

今天让我们的孩子养成良好的习惯，明天让好习惯成就我们的孩子，欲求好人生，先求好习惯。用具体的例子，生动的示范，榜样的引领告诉学生如何去做，激发学生愿意去做，鼓励学生坚持去做。

"破茧而出"背后的故事

□ 钟 颖

不知不觉，我陪伴这个班的孩子已经来到了第五个年头。五年的缘分，我和孩子们之间已经有一种"心有灵犀"，互相珍惜着这样陪伴成长的日子，细数着每天的收获和美好。不仅他们在一天天成长，作为班主任，我也在一天天成长。

到了小学中高阶段，班级管理的重心逐渐从处理班级的琐事转向了为班级营造一个积极阳光的学习环境。随着孩子们的成长，小打小闹的嘈杂在班里已经逐渐减少，更多的是对这个世界越来越强的好奇心，更多的是尝试面对成人发出他们独特的声音。这样的改变促使作为班主任的我也要改变。改变需要策略，我一如既往地选择了向书本求助、向名师求助。

在我带四年级的这一年里，陆续地读完了薛瑞萍老师的班级日志《破茧而出的四年级》。薛老师的班级日志都是随班教学的教育随笔，读起来总是令人心神向往，每翻几页我就想着："我也要试试这个方法！"我没有一口气读完，而是伴随着整个四年级在读，因为我希望书里的内容可以跟着自己的教学进度一起走，这样更能切身体会到名师传递的经验。

我经常跟孩子们说："不动笔不读书。"我也深知言传身教的道理，所以在阅读课上我会展示自己的读书笔记和批注给孩子们看。在读这本《破茧而出的四年级》时，我每读一篇就会在目录页面写下自己对这一篇的总结。等以后翻开这本书时，只要看目录的笔记，就可以迅速找到哪一篇对应的是哪方面的班级管理方法。

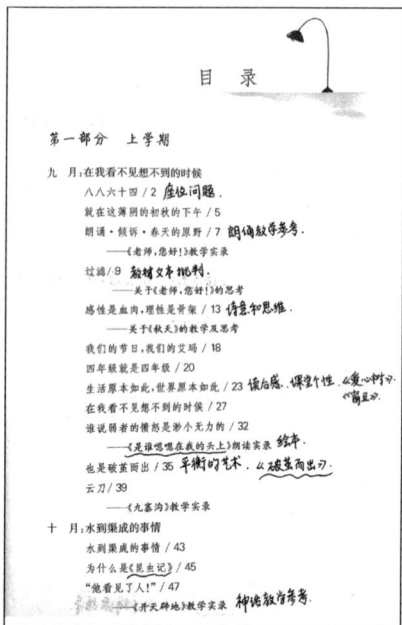

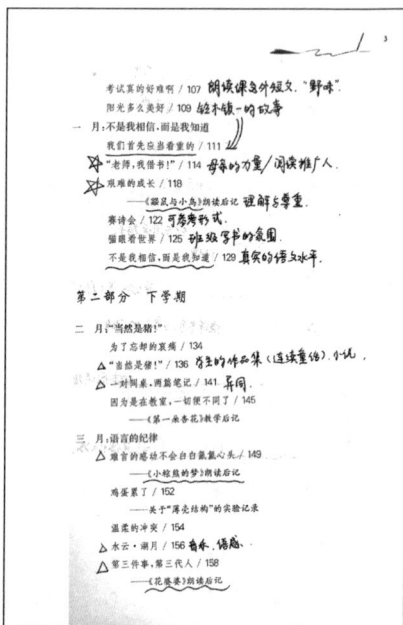

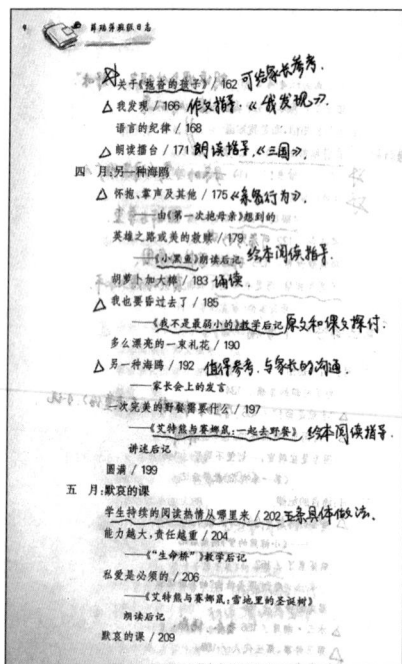

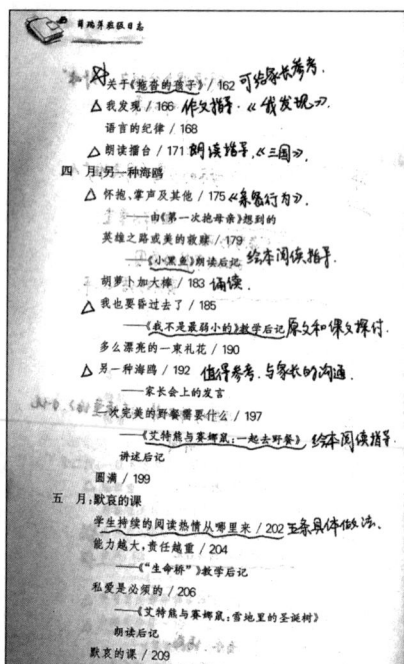

我读《破茧而出的四年级》时做的目录总结

从这几页目录可以看出，薛老师的随笔题目都是比较感性的，读完之后如果不做结论，下一次查找时很难从题目上看出薛老师提及的是哪方面的管理内容。比如《八八六十四》这一篇，写的是班里六十四个孩子的座位，我就在目录旁边标注"座位问题"，以后如若遇到此类问题，我可以迅速在书中找到参考方法。再如薛老师的《过滤》，单看标题无法确认是在探讨哪方面的问题，但读完之后豁然开朗，薛老师是在对教材的某些文本进行批判，于是我把"教材文本"几个关键词记在旁边，一目了然。

除此之外，我还会把薛老师在文章中提到的所有书目全部整理到目录页。比如薛老师给孩子们在课堂上朗诵的绘本，还有课堂上推荐的书籍，我都一一记录，想办法运用在自己的课堂上。虽然说我目前的做法只是拙劣的模仿，但我相信，只要坚持，我和孩子们一样能收获颇丰。

2. 直接写在文段旁的批注

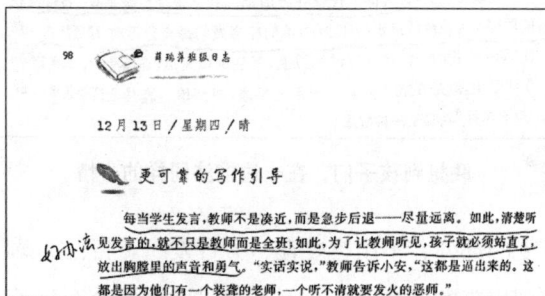

读书时积累下自己可以参考的好办法

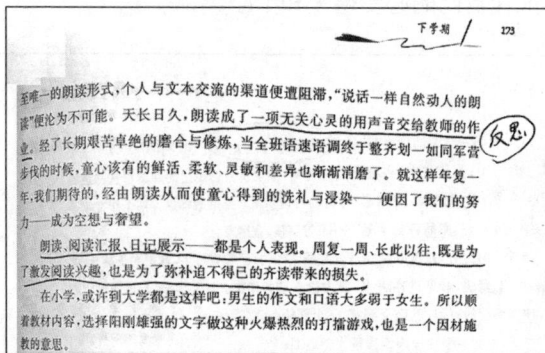

书中很多引起共鸣的文字值得反思

正文的文段里也会随处可见这些简单的批注。读完一部分之后如果不立即记下当时的感想，过后就如同没有读过一样。这些简单的批注可以帮助二次阅读时迅速找到应该在文段中提炼出来的关键点，是要学习这本书中提供的好方法，还是要反思自己在教学上是否有同样的情况。

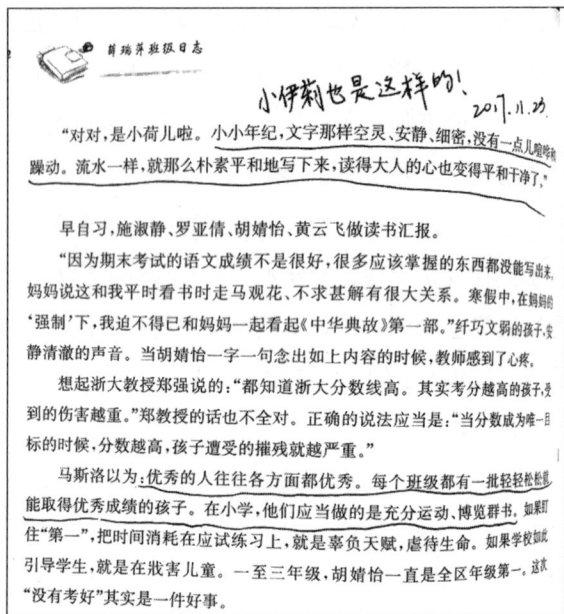

联想到孩子们，在一边批注同样的心情

读到感同身受的部分，不由得要在一旁抒发一下自己的感叹。对每一个老师来说，孩子表现出来的细微进步都会让自己欣喜万分，孩子给老师的任何回应都是无法替代的温暖。老师和孩子从来都是互相成就的。正如薛老师写道："读他们的文字能让自己的心变得平和干净。"

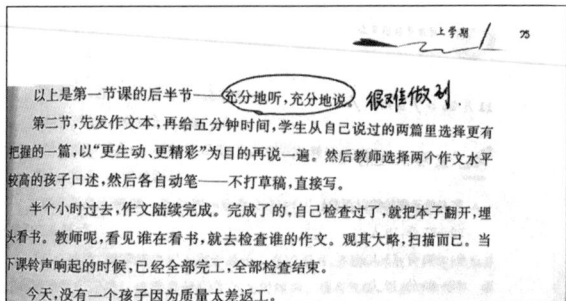

正视自己的不足是进步的基础

有时读着读着，会觉得自己要做的事情还有太多，此时也把这种心情记录下来。或许在不久后的哪一天，我重新翻开这一页，可以在旁边再次批注："我做到了！"那一天，也许就是我作为班主任"破茧而出"的时刻了。

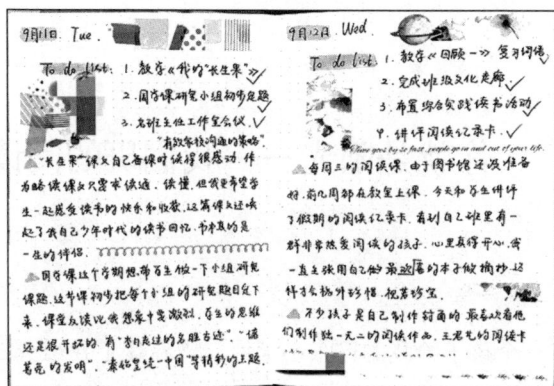

开始尝试记录自己的教学随笔

更重要的是，我也开始学习写下自己的教学随笔。每天用10-20分钟的时间总结自己和孩子们相处的收获和感想。虽然远不如薛老师有深刻的思考和广泛的延伸，但是每一天在教室里发生的事情、每一个孩子的点滴进步，如果不及时记录，就会流失在时光里。而我所做的也只是在时光里抓住这些闪闪发亮的星光，见证着孩子们的"破茧而出"，期待着自己的"破茧而出"。

所有点滴我都会永驻心间，继续陪伴，见证成长。

点一盏心灯，你就是阳光——我们班的阅读之旅

□ 钟 颖

班里有一个孩子给我的这张小卡片，曾温暖了我很久很久。今年已经是我们互相陪伴的第四年了。

孩子放在我桌面上的爱心书签

四年，在我们人生中是不长也不短的时间段。但是能互相陪伴着整整四年，更是无与伦比的缘分。和煦的阳光、舒适的微风、狂怒的暴雨、冷冽的冰霜，这一切我们都一起走过。也许我无法永远陪伴着他们，但是阅读却可以。虽然平时无法走出教室，但是在阅读中，我们仿佛已经一起走了很久、很远了。

阅读中的"真善美"

我是一名语文老师，同时也是班主任。实际上，无论你是任何科目的老

师，都可以把阅读的美好传递给孩子。在很多班主任的研讨活动中，我经常会听见类似"班里孩子开始叛逆了""孩子总是管不住自己""为什么他做这些令人恼怒的事情"等班主任时常遇到的烦恼。而我现在却很少有这样的烦恼，因为在很早的时候，阅读已经帮我告诉他们什么是"真善美"了。如果孩子喜欢阅读，通过阅读认识了"真善美"，那么班主任的工作也会轻松很多。

我时常和孩子们分享关于阅读的心得：

关于阅读（一）

喜欢阅读，白天在包里，晚上在枕边。
阅读时的笑容，是阅读的快乐，
也是渐生的性格和幽默，
是后来生活里的轻松和豁达。
它们有很多的善意，是柔软的目光和心肠；
它们有很多的爱，是一种爱和善良最浓厚的文学。
它不能把邪恶消灭掉，但是阅读者就会越发嫌弃。
人的心里嫌弃了，那么路上的邪恶从哪来呢？

关于阅读（二）

它们（儿童文学）是美的，
那是不仅仅描写着风景和长相，
而在精神里面的，是故事里的含义，
是品行的方向，是大气的神采，
是言语的风趣和干净，是很飘逸的气息和呼吸，
是你想得到的一切的美，也是你想不到的所有的美。

和孩子分享关于阅读的小诗

关于阅读，我怎么做

阅读的重要性，在现在的教学和班级管理中已不言而喻，但是如何落实才是最难的环节。我并没有什么经验，参考过很多名师做法，找过很多启蒙资料，发现最简单的就是四个字：一起读书。

从二年级到四年级的共读书目

以上十本书是我们班截至目前的共读书目，每个月指定一本书。也许十本书并不算多，但我们却是踏踏实实地读。不仅"班里共读"，还有"师生共读""亲子共读"。

接下来，我分享一些在班级推广和落实阅读的做法。以我们班近期正在共读的《柳林风声》为例，我们要一起完成以下任务：

1. 为共读书目制作阅读作业单，动笔积累

我为孩子们设计的阅读专项作业单

每本书的侧重点不一样，作业单的作用是引导孩子们在课外自读的同时有方向、有计划地读，鼓励孩子边读边动笔，留下思考的痕迹。完成作业单后孩子会有一种"读透书"的成就感，久而久之，阅读就有了方向。

2. 每周一页的阅读记录表，跟踪阅读进度

孩子每周必做的阅读跟踪卡

阅读记录卡从二年级一直坚持做到现在，不仅可以跟踪全班孩子"共读一本书"的进度，还可以鼓励读得快的孩子继续阅读其他书目。一个学期下来，孩子们手捧着满满当当的阅读积累，越发能体会到阅读带给他们的是真正的"财富"。

3. 结合近期的共读书目，进行写话练习

选书目也有技巧。语文教学进行到"乡村田园生活"的课文模块时，我结合课文教学内容挑选了《柳林风声》这一部同样展现田园生活的经典作品，加深孩子的体验和理解。同时，综合课内外内容，引导孩子在体验后积累、练笔。

关于孩子的阅读体验，很重要的一个环节是老师的引导。在教学《牧场之国》这篇描写荷兰乡村生活的文章时，孩子们本身就很少接触乡村生活，更不要说国外的乡村。于是在教学过程中，我尝试代入自己的体验，展示我在荷兰

乡村游览的图片，分享自己真实的感受。对孩子们来说，比起在网上各种眼花缭乱的照片素材、名人名言，最亲近的老师是如何评价的更容易使他们产生兴趣。

除了"共读一本书"以外，班级里还会有以下的阅读活动：

1. 读书分享会：我最喜爱的一本书

除了共读、共写，还要共演、共分享，每个月及时举办图书推荐会或者共读书目阅读课。把课堂完全交给孩子们，表达在阅读中的体会，或者把经典作品用舞台剧的方式呈现出来。比起老师说，孩子们更愿意用"我来说""我来演"的方式交流。阅读不枯燥，反而很有趣。

2. 保证书库：虚拟书架

姓名	书名	作者	外借情况
郑博文	《让你感动一生的小故事》	宋天天	
	《笨狼的故事》	汤素兰	
	《我的错都是大人的错》	几米	
	《谢谢自己够勇敢》	张皓宸	
	《百变小超人——法律护航》	朴琳琳	
陈奕霏	《大森林里的小木屋》	【美】罗兰·英格斯·怀德	
	《拥抱幸福的小熊》	伍美珍	
	《我发现哥伦布了》	【美】罗伯特·罗素	
	《幸运的坏男孩》	【美】迈克尔·莫波格	
	《兔子坡》	【美】罗伯特·罗素	
李晞彤	《不比聪明比努力》	乐多多	
	《王子与贫儿》	【美】马克·吐温	
	《笠翁对韵》	李渔	
	《这才是中国最好的语文书》	叶开	
	《学习改变命运》	李晓鹏	
蔡宇辰	《森林报（春夏、秋冬）》	【苏】维·比安基	
	《丢三落四的小豆豆》	【日】黑柳彻子	
	《最有趣的成语故事》	吴庆芳	
	《一千零一夜》	整理编著	
	《小王子》	【法】圣·埃克苏佩里	
周彩玲	《老人与海》	【美】海明威	
	《阳光姐姐之成长的秘密》	伍美珍	
	《草房子》	曹文轩	
	《热爱生命》	【美】杰克·伦敦	
	《小王子》	【法】圣·埃克苏佩里	
徐俊宇	《恐龙百科》	保拉·奥古斯汀	
	《世界恐龙大百科》	董枝明	
	《儿童恐龙百科全书》	邢立达	
	《野生动物》	查娜·邦姆巴拉登尼亚	

我们班的虚拟书架

每月一本的共读书目无法满足部分孩子的阅读需求，但是过多的图书角又会很难管理。我参考阅读推广名师周益民老师的方法，在班级建立"虚拟书架"。每位同学上交五份自己非常喜欢，而且愿意外借给同学的书目，暂时不需要把书本带过来。老师整理好书目后张贴在教室里，让孩子自由完成借阅过程。当孩子想读其中一本书时，要求他们先向书的主人了解大意，互相沟通，然后才可以开始借阅过程，期末进行统计。这个方法既可以保证书目的来源，又可以调动全班阅读的积极性，加强孩子之间的沟通和凝聚，使整个班级一直沉浸在"聊书"的氛围当中。

3. 趣味创作：为近期读的好书绘制封面

有些情感在读完书后无法用语言表达，我便鼓励孩子画出来。无论是对封面的再创作，还是书本内容的简介，给孩子一张白纸，他们的童真会还给我们一片彩虹，甚至可以看到比成人更多的精彩。

4. 沉浸体验：每两周一次的图书馆时光

对爱读书的人来说，图书馆就是天堂，每两周一次的图书馆时光是孩子们最珍惜、最期待的。每次去图书馆，我都要求孩子们带上笔和阅读记录卡。当看到精彩的部分，一定要及时记录，不能让灵感一闪而过。

点一盏心灯

> ## 如果他爱阅读（优秀的儿童文学）
>
> · 会留心身边的美好，在意自己的存在对别人的意义（不冷漠）
> · 懂得关心别人，正确地看待自我，寻求合作（不自私）
> · 分辨是非，懂得抵制恶的东西，约束自我（不被影响）
> · 心怀憧憬，遇到困难提起勇气（不消极、不轻易放弃）
> · 认识世界，对陌生的事物有美好的印象（不无欲无求）
> · 追求幸福，有自己的目标和努力方向（不懒惰）

希望孩子们在阅读中收获这些美好

我们的阳光，我们的心灯，伴随同行，永不熄灭。

家校共育篇 ◎

与孩子在一起我感到非常幸福。所有那些瞧不起小学教师、瞧不起"孩子王"的世俗观念，我都可以像抹去一缕蛛丝一般把它们丢在一边。我为一辈子当小学教师而自豪！

——斯霞

如何做好家访工作

□ 赖美芳

家庭是孩子们生活的第一个环境，父母是孩子的第一任老师。促成学校与家庭进行有效的沟通和交流，成为做好班主任的首要任务。

家访能够让班主任走进孩子的家庭，熟悉孩子的成长环境，了解家长的文化素质以及家庭的教育状况。通过有效的家访，班主任对孩子们有了更全面的认识，有利于他们找出孩子们不良行为形成的根本原因，这样就可以从根源着手，进一步加强对孩子们的教育。同时，家长也能了解到孩子在学校各方面的表现和学校对孩子们的要求，主动配合学校的工作，真正达到"教育一个孩子，带动一个家庭，影响整个社会"的教育效果。

家访前应该做好哪些准备？如何让家访的气氛轻松活泼不至于冷场？如果你是新手班主任，这些问号一定在你的脑海里反复盘旋，以至于面对家访不由得有些紧张。你的反应是正常的，这恰恰说明了你是一位富有责任心和上进心的好老师。如何进行有效的家访呢？王小玲名班主任工作室给大家支招啦！

前期调研，整体策划

开学初，班主任要根据孩子的学习情况和家庭情况初步制定家访实施方案，做到有目的、有计划地进行家访。比起"家访该怎么访"，我认为应该先解决"家访的目标"。此次家访设立了什么样的目标？想达到怎样的效果？围绕这些问题开展对目标家庭的调研，才能在接下来的家访中做到有的放矢。家访前，班主任对孩子的性格、品行、爱好、学习方法、学习成绩都要了然于心，这样才能和家长产生语言共鸣，使得家访在轻松的气氛中起航。

登门造访，态度谦和

确定家访对象后要和家长预约，让孩子和家长有充分的思想准备，有充足的交流时间。家访时孩子应在场，能使家长、老师、孩子三者在一种和谐、平等、愉悦的氛围中开展"三方对话"，秉着真诚的原则，架设起一座沟通的桥梁。家访过程中老师应注意沟通中的言辞，给人可近、可亲的感觉，心平气和、耐心地与家长、孩子交流。

表扬入手，因势利导

老师和家长沟通并不是为了告状，而是要多方面地了解孩子，采取有效的教育措施。每个孩子都有闪光点，针对家长望子成龙的心理，与家长交流时要多表扬孩子身上的优点，得到家长的认同，了解孩子在家的表现，适时提出孩子需要改进的方面。这样家长比较容易接受，感受到老师对孩子的关心，更加愿意主动配合学校的工作。

详细记录，及时总结

每次家访后应及时地做好家访记录，把家访的过程、达成的共识、受到的启发及发现的问题一一记录下来。通过动笔这一过程，将家访获得的信息与孩子目前的学习生活状况联系起来，并在这种联系中找到教育的契机，确定有针对性的教育方法。这样，家访的实效才会得以巩固和强化。

灵芝小学一直以来非常重视学校与家庭的沟通，开展了家长学校、家长现场咨询会、百师访百家等系列工作，创办了邓熠家庭教育工作室。其中家访更是每学期家校工作的重中之重，一年级新生全面普访的传统延续至今，定访、随访也在不断开展。我们坚信，真诚、及时、有效的沟通一定能形成教育合力，助力灵芝学子翱翔于更广阔的蓝天。

创意暑假作业，"玩"转整个假期

□ 赖美芳

伴着蛙声蝉鸣，随着轻风阳光，快乐的暑假就要开始了。暑假如何过？怎样让这个假期充满乐趣，过得丰富而有意义？灵芝小学王小玲名班主任工作室给大家支支招，送上一份创意暑假作业单，让孩子们"玩"转整个假期！

一、君子养成篇

1. 读书

"好书伴我成长"，每天坚持阅读推荐书目或自选书目30分钟。结合我们学校的国学特色，推荐一些国学经典篇目供孩子们假期阅读。

推荐书目：《三字经》《弟子规》《千字文》《增广贤文》《声律启蒙》《笠翁对韵》《中华成语故事》《龙文鞭影》《论语》《史记》

2. 写字

书法是我们中华民族的文化瑰宝，既可以修身养性，又可以陶冶情操，一手好字受益一生。暑假每天坚持练字10—30分钟，把自己的练字成果装订成册，看自己的字是不是一天比一天有进步。开学时还可以给同学们展示，让大家见证你的进步。

3. 运动

每天锻炼一小时，在绿茵茵的草地上踢一场足球，约几个小伙伴打一场篮球，跑步、游泳、乒乓球……这些都是很好的选择。运动能增强体质，提高免疫力，不仅能增进食欲，还能避免肥胖。在心理方面，运动可以培养孩子们坚持的精神、吃苦的精神，让孩子变得更坚强、自信。

二、艺术鉴赏篇

1. 影视

假期看电影也是不错的选择，与家人一起观看一部电影，分享交流观看后的感受，也可以尝试写一写影评。

推荐观看：《绿野仙踪》《爱丽丝漫游仙境》《小飞侠彼得·潘》《猫的报恩》《虫虫危机》《千与千寻》《小飞侠》《海底总动员》《狮子王》《美女与野兽》《宝葫芦的秘密》《阿甘正传》《当幸福来敲门》

2. 名画

也可以在假期参观一次画展，欣赏世界名画，在艺术的殿堂里徜徉。

推荐鉴赏：《出水芙蓉图》吴炳、《群虾图》齐白石、《洛神赋图》顾恺之、《向日葵》梵高、《亚维农的少女》毕加索、《睡莲》莫奈、《艾普特河岸的白杨》莫奈、《蒙娜丽莎》达·芬奇

3. 名曲

优美的旋律、明快的乐曲给我们的假期带来无限的快乐。伴着微风，在草坪上听一场露天音乐会，也会带给我们美好的感受。

推荐欣赏：《春节序曲》《第九交响曲》李斯特第二号《匈牙利狂想曲》《春江花月夜》。

三、综合实践篇

1. 饲养员

假期里精心栽培几盆花卉，养几只小动物，通过网络以及访问花卉栽培、动物养殖专家等渠道了解动植物养殖的相关知识，记录每一个环节，可以用照片、文字等方式，最后把整个过程整理成册。

2. 观察员

大自然神秘莫测，用眼睛发现大自然的美，探索自然的奥秘。观赏一次夕阳西下的美景，看一看变幻莫测的火烧云，收集有关气象的谚语。

3. 美食家

在假期里学做一道菜，可以自己根据菜谱制作，也可以向家长请教。给家人呈上亲手做的美味佳肴，相信大家会吃得很开心。

4. 发明家

心灵手巧，变废为宝。可以在假期里收集一些可乐瓶子、易拉罐、废弃的纽扣等，制作一些小工艺品，把自己的创意、制作过程用相机或笔记录下来，开学后可以带至学校展示给同学们看。

5. 旅行家

读万卷书，行万里路。假期里规划一次全家的旅行，用相机拍下沿途的美景，也可用画笔记录，还可以写旅行日记，相信一定会收获满满。

灵芝小学的办学理念是贴近性灵、贴近健康、贴近生活，这份暑假作业清单充分地体现了这一理念，由课内延伸到课外，让孩子们于快乐灵活处放飞性灵，度过一个充实又有意义的假期。还等什么呢？快提起你的"菜篮子"，把喜欢的作业带回家吧！

改变，从读书漂流开始

□ 郑梦曦

古代圣人孟子在年幼时经常逃学，孟母以"断织喻学"激发他求学的欲望。后因孟子的学习环境不好，母亲当机立断，"孟母三迁"成就儒家大师。

"童话大王"郑渊洁在学生时代是个"叛逆小子"，曾被学校开除。他的父亲郑洪升便在家教导他，父亲的言传身教让郑渊洁对文字和看书产生向往之心。

少年天才方仲永"自是指物作诗立就"，父亲认为这样有利可图，每天带领着仲永四处拜访同县的人，不让他学习，最后神童也"泯然众人矣"。

古往今来，许许多多的事例告诉我们，父母的格局直接决定孩子的高度。对孩子而言，父母就是世界，父母的生活方式和价值判断就是这个世界的行为准则。一个孩子会成长为什么样，与家庭教育息息相关。所以，如果老师想改变一个孩子，首先要改变孩子的家长。

对于初出茅庐的我而言，家庭教育指导是一个陌生的领域，没有理论基础，更没有经验之谈。直到有一天，我偶然读到尹建莉老师的《好妈妈胜过好老师2：自由的孩子最自觉》，本书通过大量真实生动的案例向读者娓娓道来："家庭和睦是养育健康孩子的基础""教育无小事，注意言传身教""莫以爱的名义伤害孩子"等。我接受作者的家庭教育观点后，曾经困扰我的家庭教育问题瞬间迎刃而解，有一种醍醐灌顶的感觉。接着，我继续阅读了《这世上唯一的你》《无条件养育》等书籍，最后选择实操性较强的《好妈妈胜过好老师2：自由的孩子最自觉》作为"共读本"，在我们班家长中进行漂流共享。改变，从读书漂流开始。这个经历不仅改变了我，也改变了家长们。

推荐好书，遭遇冷落

2017年1月3日，我在班级QQ群发出一条信息："各位家长上午好，今天我想给大家分享一本好书《好妈妈胜过好老师2：自由的孩子最自觉》。作者的家庭教育理念和方法建议发人深省，希望各位家长可以买来看，收获一些思考和启发。"我满心期待着，希望会有志同道合者与我交流读书心得。

结果一周后，我们班的家长都没有看。失落的我接受了这个残酷的事实，也能理解家长们工作繁忙。但我不愿放弃，下班后直奔友谊书城，买下一本崭新的《好妈妈胜过好老师2：自由的孩子最自觉》，第二天放学前把它装在一个孩子的书包里，同时给这个孩子的妈妈发信息，希望她可以好好享受阅读。终于，第一位读书漂流的主人艰难诞生了！

交流心得，初见成效

每位家长阅读这本书的时间是一个星期，看完后，由该名家长自己决定这本书漂流给哪位家长。在每位家长阅读的过程中，我会及时询问他们读书的感受，了解该书是否能帮助到他们。

大部分家长表示很受启发："要平等对待孩子，不用命令的语气，不把自己的想法强加给孩子。"还有家长意识到："孩子身上的坏习惯都是我自己种下的恶果，从今往后必定注意自己的一言一行。"每次交流我都会把这些家长当成好朋友，倾听他们的故事，肯定他们的新想法，鼓励他们只要用心一定是好妈妈和好爸爸。

在我们班形形色色的读者中，给我留下深刻印象的是苗苗妈妈。先从苗苗这个孩子说起。一个瘦瘦高高的小男孩，不善于交际，作业经常错得一塌糊涂，对任何事情都摆出一副不感兴趣的样子，但他却能干出一堆坏事，让各科老师很头疼。上学期末的数学调研，苗苗的成绩在班里排名倒数。"苗苗妈妈会不会还像以前那样责备或打骂孩子呢？"我忐忑不安地想，连忙给她发慰问的短信。

"郑老师您放心，读完《好妈妈胜过好老师2：自由的孩子最自觉》，我和他爸爸协商好了，要放下身段与孩子和平共处，不再给孩子施加压力，家里的气氛一定要温暖，让家里充满阳光！就像尹老师说的，'只有用心去爱孩子，孩子才会越来越好'。苗苗这次没考好，我们也不怪他，把错题改正，下次注意不犯相同的错误就好。"

看完苗苗妈妈的回复，我特别欣喜："苗苗妈妈，我要感谢您，是您的改变让我知道读书漂流活动这么有意义，鼓舞着我向更多的家庭推荐这本书，谢谢您。"这学期，苗苗明显进步了，老师们都觉得是孩子长大、懂事了。只有我知道，成长更多的是苗苗妈妈。

教育家马卡连柯曾说："不要认为只有你同孩子谈话、教训他、命令他的时候才是教育，你们是在生活的每时每刻，甚至不在场的时候也在教育着孩子。"言传身教就是最好的教育。

教无定法，学海无涯

有一天，一位比较焦虑的家长对我说："郑老师，我和孩子爸爸实在没有时间看书，您直接告诉我怎么教孩子吧！"面对这种的求助，我可以理解，但不能接受："感谢您对我的信任，但是我没有这个自信能用三言两语来教会您如何教育孩子，如果有这种一劳永逸的事情，麻烦您告诉我，也好让我省省心。"家长听后惭愧地低下头，像个犯错的小孩："谢谢老师提醒，最近工作太忙，对孩子也不上心，是时候把重心放在孩子身上了，我今晚就去买您推荐的书看。"我对她竖起大拇指："您会成为一位特别棒的妈妈。"之后，每次我在她孩子身上看到一点一滴的改变，就能感受到这位妈妈为孩子做出的努力，因为我坚信"孩子是父母的一面镜子"。

不久，我收到另一位妈妈的来信，她说看完《好妈妈胜过好老师2：自由的孩子最自觉》感受最深的是"以同理心与孩子相处，用心去爱孩子"。另外，她去宝安图书馆又借了两本书：《爱，从了解开始》《把话说到孩子的心里去》，坚持阅读，不断学习。

是啊，世上没有一本万利的好书，唯有不断读书、学习，才能丰富阅历、充实人生。人们常说："教无定法，贵在得法。"如今，我还多了一点感悟："学海无涯，贵在坚持。"

我是一名年轻的班主任，我的家长们也是年轻的爸爸妈妈，我们因孩子而结缘，因教育而同行。我给予他们真诚的帮助，他们便以信任回报。"嘀嘀嘀"，一位家长的聊天对话框在闪烁，是第15位读书漂流的主人传来了一篇新的读后感。短短的读后感，深深的反思，我和家长们在教育的路上一起成长！

您与孩子的暑假可以这样过

□ 谢　霞

万众瞩目的暑假说来就来啦。可爱的孩子们要放长假，回家陪爸爸妈妈了！

亲爱的爸爸妈妈们，您准备好迎接幸福的暑假生活了吗？

我来跟大家一起聊聊暑期的幸福计划吧！您的暑假计划是不是：

（1）每天睡到自然醒。（嗯，您的理想很丰满，但现实很骨感，别做梦了！）

（2）回归田园，享受慢生活。让孩子帮忙干农活，体验父辈的童年乐趣。（嗯，您的想象力非常丰富，孩子会上交一千字的"累字文"！）

（3）白天陪着孩子吟诗作对、琴棋书画，样样都不落下；晚上一家人安安静静地躺在屋顶看星星。哇哦，美美的一天！（话说，暑假作业写完了没有？今晚加班不？碗谁洗？）

那么，怎样才能有趣又有意义地快乐过暑假呢？我这儿有几个小建议，倘若您还在纠结如何过暑假，不如就从这里找找灵感吧，暑假可别浑浑噩噩地度过！

好好练字，因为见字如面

不论您的孩子是书法大师还是写字小咖，在暑假练练字是很有必要的。

常言道："见字如面，字如其人。"如果孩子的书写不够美观工整，抑或是您想更进一步熏陶孩子的心性（修身养性），精益求精，那就让孩子好好练字吧！

当然，您需要定期检查孩子的书写是否有进步，及时调整或提出表扬，这样孩子才会持之以恒，也才会明白您的苦心。

管住电脑，管住手机，远离"农药"

关于这一话题，我与大家分享一则真实的故事：

一幼儿园小班门口，一群家长站在教室外"听课"，只见一个个都埋头看手机、玩游戏、塞着耳机煲剧……这时，教室内的一个孩子叹了口气："唉，我什么时候才能长大啊！"同桌问："为什么呀？做小孩子不好吗？我不想长大呢！"小朋友指了指教室外的家长："长大了就可以不用来上学，还可以天天玩手机了啊！"同桌见状，竟然也同意地点了点头……

记住，"养不教，父之过"。如果您想让自己、孩子及家人好好度过一个快乐的暑假，请管住电脑、手机，远离"农药"。否则，您就得到网吧找孩子了。

到什么时间，做什么事

您是想三番四次地唠叨孩子好好做作业、做事情，还是一次就做好？如果您想帮助孩子培养良好的学习及行为习惯，帮助自己及孩子更高效地利用时间，那么请时刻记住，要让孩子养成"到什么时间做什么事"的习惯，做事尽量要求一次做好。

比如，早起就要晨读，中午午休后静心练字，晚上十点前必须睡觉，睡前要反思当天的所得所失，养成"吾日三省吾身"的好习惯，进而慢慢形成一种意识——到什么时间做什么事，做事尽量要一次做好。

因为，您若应付，孩子也会敷衍您，您是孩子的榜样。

好好读书，品赏经典

读书不是在心里默念"我要读书"就可以了，建议您偶尔抽空陪孩子一起看看书，说说自己的心得与理解，打开孩子的话匣子。这样一来，既能增进亲子之间的感情，又可以锻炼孩子的语言组织及学习内化的能力。

带上孩子回趟老家吧

人这一生，最不能丢失的就是家，因为家是人之根本！

暑假到了，别老想着跑到别人的故乡旅游，回首看看，自己的家乡也挺美的，不是吗？

您有多久没有带着孩子回老家？没有让孩子看看家乡景、听听家乡音、闻闻家乡味、吃吃家乡菜了呢？带上孩子回趟老家吧……

零花钱，悠着点花

零花钱的使用，只能买书、买本子、买学习用品，不许买别的。

不管有钱没钱，虚荣心都会萌生。若要杜绝虚荣心及贪念，关键在于教育孩子正确看待金钱，切不可堕落成为金钱的奴隶，也不要做金钱的代言人——潜在的啃老族。

凡事，安全第一

什么都是次要的，安全第一。活着就有希望，有希望就是一件美好的事。所以，假期无论是出行还是蜗居，都一定要把生命安全放在第一位！

防火、防盗、防骗、防触电、防溺水、防交通事故……各种安全事故不是儿戏。您若儿戏，命运也会儿戏您！

去享受一场艺术盛宴吧

如果您工作累了，孩子学习也累了，给自己和孩子放个假吧，去走走亲戚、访问老友、看场电影或听听音乐会、看看画展……

去享受一场艺术盛宴吧！透过一幅画、一件艺术品，了解一个不一样的人生。通过观展，寻找思想的碰撞，探求内心的共鸣，让自己在喧嚣的世界中安静下来。

累了，就睡到自然醒吧

暑假若是玩累了、学累了，就睡到自然醒吧！

您可以陪着孩子找一个惬意的下午，闭上双眼，戴上耳机，在阳台的摇椅上听一首慢歌，感受温柔的旋律、有温度的歌词，享受一份难得的宁静……

当然，您还可以带着孩子一起飞到另一个地方，继续睡到自然醒，然后静静地看风景……

暑假就要来了，如果以上计划您感兴趣的话，可以即刻开启专属自己和孩子的快乐暑假之旅！

有效家访之策略篇

□ 王小玲名班主任工作室

又是一个新的学期，家访是了解孩子、了解家长、增进共育最好的渠道，如何让我们的家访有效，甚至高效呢？让我们一起来看看王小玲名班主任工作室成员们的智慧分享吧。

王小玲：抓住有效家访的关键点，用心收集孩子在校学习生活中点点滴滴的美好，用情与家长真心沟通、换位思考，用爱对待每一个孩子。用心、用情、用爱，为有效家访做好铺垫。

贾取：信息化时代强调顺势而为，明智的做法应该是折中、扬长避短，分别摘取"以信息化为载体的隔空家访"和"传统的面对面家访"的优势，让二者融合，相得益彰，更好地服务于家校连接工作，让家长与老师通力合作，最终实现教育效果的最大化。如果把这种二合一的家访方式比作一道菜的话，它的烹饪过程可以概括成如下几个步骤：

（1）利用问卷形式或QQ平台进行前期调研。

（2）利用EXCEL统计工具对孩子们的状况进行分类。

（3）对家长的风格进行初步的分类。

（4）发挥个人风格进行家访。

冷小庆：

（1）做足准备。

提前约好家访的时间，明确家访的目的，拟好主题、基本内容、想了解的情况和要讨论的对策等。

（2）好记性不如烂笔头。

在家访之前做好笔记，分析即将家访的孩子在校表现、学习、交友等各方面的情况，罗列出孩子有待改进的地方。这也是家访所要达到的目的。

（3）仔细观察。

观察家庭环境氛围、父母相处模式、孩子与父母的相处方式、孩子的书架，了解孩子的成长环境、课外爱好，以便于和孩子有话聊。

（4）善于倾听。

请家长谈孩子在家里的表现以及他的看法和期待，还要听听孩子本人的想法。针对家长反映的情况一起讨论，帮助家长解决困惑。

叶楚欣：沟通之前要了解家长的教育观念和方法。家长一般分三种类型：一是过于民主；二是过于专制；三是民主与专制相结合。了解清楚家长的教育观念后，再来看具体问题，看看家长在哪一方面欠缺民主或欠缺专制。

在沟通当中，老师的技巧很重要。俗话说："伸手不打笑脸人。"欲抑先扬，对每个孩子都要先肯定他的优点再提出他的缺点。老师要从孩子自身的角度出发，设身处地地为家长分析孩子的问题，并提出有效的解决方法，让家长感到自己的孩子有改正的机会和进步的空间。切忌一味地批评孩子对班集体的不良影响，应委婉暗示。

沟通之后要密切关注孩子是否有变化，适时地肯定和鼓励孩子，尤其要感谢家长的配合教育，让家长有动力坚持教育和监督。

蔡梅：家访不仅仅是一种措施的落实，也是一种责任的延续。对家访的孩子确实存在的困难，老师要大力协助，让孩子感受到老师的关爱。

比如，小杨同学在一次体育课中手腕骨折。因为小杨是一个非常爱学习的孩子，我带领部分同学进行慰问，开导她安心治病，疏导她心理上的困惑，还安排同学帮扶她解决学习上的疑难。在老师和同学们的帮助下，小杨同学的成绩并没有因病而耽误，学期结束还被评为"学习积极分子"。通过这次的家访帮扶，加强了师生之间的沟通，加深了师生感情，增强了班级凝聚力，树立了老师在孩子们心中的威信，起到了"亲其师而信其道"的作用。

张文宇：家访应该首要了解孩子的家庭结构，是否单亲家庭或父母再婚。若父母离异，这类孩子比较缺少爱，需要老师更多的关心和关怀。

其次要了解孩子的房间，一个人的内心世界可以从他的房间摆设体现出来。若孩子喜欢篮球，那房间肯定会出现有关篮球的东西。这些信息有利于以后因材施教。

最后与家长交流教育理念，在交流中达成共识。

邹彩艳：首先，在家访前要做好准备、明确目标。

其次，在家访期间要多观察孩子与父母的相处模式、孩子家庭中的相处模式、孩子在家的行为习惯等。

最后，在与家长交谈时了解他们对孩子是如何培养的，对孩子有何期许等，在表示理解的基础上有更深入地交流与讨论，从而达到更好的家访效果。

李易：目标清晰。家访的目标有二：一是传达自己的教育方向，让家长能够更加配合自己日后的教学工作；二是了解孩子在家的情况，能更好地家校统一教育孩子。

效率要高。不少家长平时很少见到老师，一见到老师话匣子打开就关不上。而老师家访的时间有限，应该适当抓住重点，及时与家长分析情况并给予建议。

及时总结。作为老师，很重要的一点是及时写下总结，总结孩子之间存在的共同特点，如年龄特征、行为特点等，判断出差异性的根源，尤其是特殊问题的应对措施和解决方案，从而提升自己的专业素质和水平。

徐亦昕：班主任上门家访要带着一颗真诚的心，以帮助孩子解决学习问题、纠正不良行为习惯为初衷。我认为，一次有效的家访需要注意以下两点：

（1）做好前期工作，不打无准备之仗。

家访前要理清谈话的重点，具体情况具体分析。

（2）先肯定孩子的优点，再委婉提出建议。

家访的目的在于帮助，而不是告状。我们要设法找到每个孩子的闪光点，如待人接物有礼貌、劳动积极不怕累等，先肯定家长在某一方面的教育得当，在谈话中顺着家长的话题切入正题，委婉地提出孩子存在的问题，让家长觉得我们是在真心实意地帮助孩子，提出的建议也就更容易获得成效。

刘新新：我认为，家访就是老师利用课余时间，有计划、有目的地走访孩子家长，更直接地同家长交流、沟通，了解孩子的家庭背景和家长的状况，从而更有针对性地进行未来的教育。我认为，有效的家访应该做到以下几点：

（1）要有目的性。

（2）做好前期准备。

（3）遵循原则：

①细心观察孩子的家庭环境以及与父母之间的关系；②主动向家长汇报孩子的在校状况，多激励表扬，最后给出建议；③和家长耐心交流孩子的教育对策，对于非常有个性的孩子更应该制定出详细的计划，和家长、孩子共同解决目前所面对的问题。